"一带一路"倡议

过去、现在和未来

高　翔　［塞浦路斯］科斯塔斯·古利亚莫斯　主　编
刘作奎　［塞浦路斯］克里斯托斯·卡西莫里斯　执行主编

中国社会科学出版社

图书在版编目（CIP）数据

"一带一路"倡议：过去、现在和未来／高翔，（塞浦）科斯塔斯·古利亚莫斯主编．—北京：中国社会科学出版社，2023.8（2023.11重印）

ISBN 978-7-5227-2509-3

Ⅰ．①一⋯　Ⅱ．①高⋯②科⋯　Ⅲ．①"一带一路"—国际合作—研究—中国、欧洲　Ⅳ．①F125.55

中国国家版本馆 CIP 数据核字（2023）第 154779 号

出 版 人	赵剑英
责任编辑	范晨星
责任校对	王佳玉
责任印制	王　超

出　　版	中国社会科学出版社
社　　址	北京鼓楼西大街甲 158 号
邮　　编	100720
网　　址	http://www.csspw.cn
发 行 部	010-84083685
门 市 部	010-84029450
经　　销	新华书店及其他书店

印刷装订	北京君升印刷有限公司
版　　次	2023 年 8 月第 1 版
印　　次	2023 年 11 月第 2 次印刷

开　　本	710×1000　1/16
印　　张	15.5
字　　数	206 千字
定　　价	108.00 元

凡购买中国社会科学出版社图书，如有质量问题请与本社营销中心联系调换
电话：010-84083683
版权所有　侵权必究

目　录

前　言 …………………………………………………（1）

古丝绸之路研究：历史与文明视角

16—18世纪西学传入与中国知识阶层的反响 …………高　翔（3）
"一带一路"与跨文化对话 ………………………………巴德胜（25）
"丝路精神"与中欧文明伙伴关系 ………………………田德文（39）
丝绸之路上的"儿童空间"：从塞浦路斯出土猪形
　　拨浪鼓谈起 ……………………………………………万　明（53）
伊索克拉底笔下的塞浦路斯君主埃瓦格拉斯与古典时代
　　中希知识精英语境中的贤君形象 ……………………吕厚量（67）

"一带一路"研究：经验研究视角

"一带一路"倡议与欧亚区域合作 …………………… 邢广程（83）

"一带一路"法律风险的特征及防范

 对策 ………………………………… 莫纪宏 孙南翔（98）

"一带一路"国际产能合作与发展展望 …………… 李晓华（119）

"一带一路"倡议：供应链弹性是可持续发展的

 先决条件 ………………………… 亚历山德罗·乔治塞斯库（148）

"一带一路"的未来：理论分析视角

"一带一路"倡议：中国在地中海地区的

 影响力 ………………………… 科斯塔斯·古利亚莫斯（169）

欧盟互联互通政策的"泛安全化"及中欧合作 …… 刘作奎（184）

教育之带和文化之路：回到伟大文明的

 未来 ………………… 埃夫利彼迪斯·斯蒂里亚尼迪斯（204）

"一带一路"与全球治理的未来发展 ……………… 徐秀军（219）

结语：发展一种跨文化主义

 体系 ………………………… 科斯塔斯·古利亚莫斯（236）

前　　言

　　2013年，习近平主席在访问哈萨克斯坦和印度尼西亚时提出共建"丝绸之路经济带"和"21世纪海上丝绸之路"，即"一带一路"倡议。"一带一路"倡议源于习近平主席对世界历史、现状和未来发展大势的深刻理解，对人类前途命运的深刻思考。目前，"一带一路"倡议已成为中国参与全球开放合作、改善全球经济治理体系、促进全球共同发展繁荣、推动构建人类命运共同体的中国方案。2023年"一带一路"建设即将步入第十个年头，在当下的时间节点进行回顾与展望，无疑具有重要的学术意义和现实意义。

　　"一带一路"倡议植根于丰厚的历史基础，来源于古代穿越亚欧大陆的"丝绸之路"。从中国西汉（公元前202年—公元8年）开始，中国、中亚、西亚和欧洲等地商人通过"丝绸之路"开展了密切的贸易往来。在这一过程中，中国的丝绸、茶叶和瓷器等向西传播，而中亚、西亚和欧洲的香料、皮草和农产品等也传入了中国。在这一过程中，思想、文化、技术和宗教等也借助"丝绸之路"传播，打开了中西之间人文交流的大门，促进了人类文明的交流互鉴。东西互访互学有时会受到各种阻碍，但在两千多年的时间里绵延不绝，展现了强大生命力。习近平主席指出，"古丝绸之路绵亘万里，延续千年，积淀了以和平合作、开放包容、互学互鉴、互利共赢为核心的丝路精神"。"一带一路"倡议强调文明互鉴，正是对伟大的丝绸之路精神的传承和发扬。

"一带一路"坚持共商、共建、共享原则，以政策沟通、设施联通、贸易畅通、资金融通、民心相通为主要内容，产生了实实在在的成果，切实惠及沿线国家。"一带一路"国际合作积极为国际贸易和投资搭建新平台，为世界经济增长开辟新空间，为沿线国家提供更好的经济发展机遇。2013—2021年，中国与"一带一路"沿线国家货物贸易额累计达11万亿美元。截至2022年3月底，中国已与149个国家、32个国际组织签署200多份共建"一带一路"合作文件，一大批合作项目落地生根，为各国民众带来了更便利的生活条件、更良好的营商环境和更多样的发展机遇。除了加强经济领域的合作外，共建"一带一路"还重视夯实民心相通的社会根基，倡导文化沟通和文明宽容，加强不同国家、民族和社会之间的对话，并积极构建多层次政府间宏观政策沟通交流机制，增进政治互信。

当前，世界正经历"百年未有之大变局"。在部分国家和地区流行的"去全球化"、民粹主义思潮以及保护主义、单边主义行径弱化了多边主义原则和机制，损害数十年来世界全球化取得的积极成果。2020年暴发的新冠疫情，至今仍困扰全世界，其深远影响仍难以准确评估。2022年发生的俄乌冲突，深刻影响了全球地缘政治格局，其引发的安全挑战和人道主义危机对欧洲和全世界都造成了强烈冲击，也考验着"一带一路"倡议的韧性。与此同时，贫困、恐怖主义、气候变化和生物多样性丧失等问题，依然困扰着世界各国。这些严峻挑战，再次证明人类社会是休戚与共的"命运共同体"。习近平主席指出，"我们要拆墙而不要筑墙，要开放而不要隔绝，要融合而不要脱钩，引导经济全球化朝着更加开放、包容、普惠、平衡、共赢的方向发展"。他强调，"冲出迷雾走向光明，最强大的力量是同心合力,最有效的方法是和衷共济"。习近平主席的论断,充分体现了中国以丝路精神为底色、以"共商、共建、共享"为核心内容的全球治理观,为当前世界各国合力应对各类挑战指明了方向。

欧洲是共建"一带一路"的重要伙伴。"一带一路"倡议提出以来,中欧高层保持了密切互动,双向贸易投资活跃,人文交流频繁。2021年,双边贸易克服疫情影响达到8281.1亿美元,创历史新高,同比增长27.5%。截至2021年10月底,中欧班列这条穿越亚欧大陆的"钢铁驼队",已铺画73条运行线路,通达欧洲23个国家175个城市,运输货品达5万余种。当前,中欧关系站在一个新的历史起点上,双方都愿意抓住机遇,促进中欧文明间的交流互鉴,推动双方经济、社会发展。中方提出,"欢迎欧盟及欧洲国家积极参与合作,共同将'一带一路'建成和平、繁荣、开放、创新、文明、绿色、廉洁之路",并强调要"坚持文明对话,和而不同,促进中欧两大文明交流互鉴"。欧洲的认知和实践对共建"一带一路"具有十分重要的影响,也能够为进一步高质量共建"一带一路"提供参考和借鉴。

基于这一认识,本书邀请来自中国和欧洲政府部门、大学和智库等的研究者和实践者,结合自身在参与中欧关系发展和"一带一路"建设过程中的体会和观察,对"一带一路"建设进行阐述和分析。这些作者在学界和政策界具有丰富的研究和实践经验,具有不同的学科和知识背景,涵盖了政治、经济、科技、历史、考古、国际关系等诸多领域。本书内容兼顾历史和现实,综合运用经验和理论的分析视角,对"一带一路"倡议的过去、现状和未来进行深入、全面的考察。

本书共分为三部分。古丝绸之路既是商贸之路,也是文明交流互鉴之路,在亚欧大陆文明发展过程中起过非常重要的作用。因此，第一部分首先回顾"一带一路"及其所承载的中西交往的历史，以历史和文明研究的视角探讨"丝路精神"的内涵与根基。第二部分从产业合作、经贸往来、区域发展、法律规范、国际关系等方面对共建"一带一路"即将十年取得的成就和面临的挑战进行多学科、多视角的分析研究。第三部分则着眼"一带一路"倡议的未来，从理论分析的视角，全方位探讨"一带一路"倡议对全球治理的深刻影响，为寻找解决当前国际社会面临的共同挑战提供经验镜鉴。

本书由中国和欧洲学者共同完成，是中国社会科学院和塞浦路斯欧洲大学之间长期友谊和合作关系的硕果。通过共同撰写本书，中国和欧洲学者可以充分交流观点，加深对"一带一路"的认识和理解。我们相信，任何对"一带一路"倡议、全球治理和中欧关系等感兴趣的人士都会从这本书中发现有价值的内容。

高翔　科斯塔斯·古利亚莫斯
2022 年 7 月 17 日

古丝绸之路研究:历史与文明视角

16—18 世纪西学传入与中国知识阶层的反响

高 翔[*]

摘要：16—18 世纪的中国与以前各代最重要的区别之一，就是主要由天主教传教士带来的西方文化传入中国，中国和西方之间开始了持续的、无法中断的文化交流。这一交流虽然具有明显的局限性，但毕竟开启了中国人认识外部世界、了解外部世界、学习先进科学技术知识的新时期，为"一带一路"沿线源远流长的文化交流注入了新的更加丰富、更加鲜活、更富时代特色的内涵。中国和西方国家之间，由此开始了日趋紧密和深刻的文化互动过程，这一互动，为鸦片战争以后中西关系变迁、中国全方位的社会变革，埋下了伏笔，奠定了原始的但却是必不可少的历史基础。

关键词："一带一路"、天主教、西学、儒学

---

[*] 中国社会科学院院长、党组书记。

16—18世纪（约晚明到清嘉庆初年）的中国，和以前各代最重要的区别之一，就是主要由天主教传教士带来的西方文化频敲中国大门，中国和西方之间从此开始了持续的、无法中断的文化交流过程。这种交流影响深远，为"一带一路"沿线源远流长的文化交往增添了全新的时代内涵。本文主要讨论当时中国社会特别是知识精英阶层对新传入的西方文化的反应。

一　对西学的认识

16—18世纪，来华传教士多为耶稣会士。从利玛窦开始，耶稣会士确立了在中国传教的两个基本策略。

一是通过学习儒学，尊重中国风俗，以减少中国人的文化抵触和排斥心理。像利玛窦遵从中国风俗，改穿儒服，精研儒家经典，利用儒家话语体系、学术范式阐发、传播天主教教义，在与士大夫的交往中，不时表露出自己对儒学的精通和推崇，强调基督教和儒家思想的一致性，以致有"西儒"之称，所谓"利玛窦兼通中西之文，故凡所著书，皆华字华语不烦再译"。[①]

二是通过介绍西方科学文化，以获取中国朝廷和士大夫支持。正是这一策略使天主教的传播与中西科学技术知识交流紧密结合起来，故阮元《畴人传》称："利玛窦，明万历时航海至广东，是为西法入中国之始。"[②]

伴随传教士的东来，以及他们极富智慧的传教活动，中国学术界，主要是士林阶层在知识结构上最引人注目的变化是，不少知识精英对中国以外的世界有了更多的了解，对外部文明，特别是新兴

[①]　[意]利玛窦：《乾坤体义》卷首，《提要》，《四库全书》本。
[②]　阮元：《畴人传》卷四十四，《利玛窦》，商务印书馆1935年版。

的西方自然科学和技术有了新的认识和思考。

这一历史性的变化不但为以儒学为主体的中国文化注入了全新的内涵,而且为鸦片战争以后中西文化的交融激荡,奠定了原始但却不可或缺的社会基础。

西洋历算,是当时最受官僚学者重视的知识之一。早在万历三十八年,就有人向当时因历算推测不准而倍感困扰的明朝朝廷建议:"大西洋归化远臣庞迪峨、熊三拨等,携有彼国历法,多中国典籍所未备者,乞视洪中译西域历法例,取知历儒臣率同监官,将诸书尽译,以补典籍之缺。"当时礼部也建议皇帝令翰林院检讨徐光启、南京工部员外郎李之藻等与庞迪峨、熊三拨等同译西洋法。①

值得注意的是,随着西方传教士在中国境内影响的扩大,西洋科技的传播也渐趋广泛和深入。降至崇祯末年,明朝皇帝"已深知西法之密",决定"改为大统历法,通行天下"②,即反映出西洋科技的影响已经深入朝廷。

西洋物器的传入,受到了不少士人的重视。晚明学者谢肇淛曾记载说:"西僧利玛窦有自鸣钟,中设机关,每遇一时辄鸣,如是经岁无顷刻差讹也,亦神矣。"与此同时,他批评中国传统占候家"时多不正,至于选择吉时,作事临期,但以臆断耳"。③

需要特别提及的是,随着西洋地理学知识的传入,传统的中国中心观念逐渐受到了冲击。明孙毂编《古微书》特别指出:"近世有利玛窦自欧巴罗国,越八万里泛海而来,其言海外大国猥多,而西视神州,目为大明海,居地才百之一。则瀛海之外,岂遂无方舆哉?"④

清朝入主中原后,西学的传播进一步加强,特别是由传教士主

---

① 《明史》卷三十一,《历一》。
② 《明会要》卷二十七,《运历上》。
③ (明)谢肇淛:《五杂俎》卷二,《天部二》,上海书店出版社2001年版。
④ (明)孙毂:《古微书》卷三十二,《河图纬》。

持编制的《时宪历》，经过一段反复，最终被清廷接受，颁行天下。

清前期知识界对西学的学习与研究，较晚明相比，虽不可谓有质的进步，但关注者颇多。投身新朝的官僚学者，对西学的态度当然随清廷的政策时有变化，而明朝遗民的学习与研究，则多为自发，颇能反映一般士人的心态。

陆世仪作为清初理学名家，在明朝遗民群体中，声望颇著。他从经世原则出发，对西学十分关注，潜心研究。在所著《思辨录辑要》卷二十五《天道类》中，陆世仪对西人地圆学说提出了质疑，并阐发了自己的见解。陆世仪主张通过试验，验证西学，并从维护社会稳定与政权安全立场出发，对西洋火器高度重视，建议"设火器营于京师，京师而外不得用火器"。① 这一主张在此后得到了历史的应验。

清初另一重要的明遗民，也是影响甚大的理学家陈确，也关注西学传播，并对西洋器物兴致盎然，他以思想家独有的敏锐洞察力，在欣赏西洋器物的同时，对天主教保持着高度警惕，提出了"大道本无穷，旁求及四国"，"毋以薄技售，并使诐词惑"这样一个重要论断。也就是说，陈确将西洋器物和西洋文化，特别是西方宗教严格区分开来。

清朝康熙皇帝是西学的积极推崇者。传教士南怀仁给康熙帝讲解几何学、静力学、天文学中许多实用知识，康熙皇帝自己也勤奋学习，积极运用西洋科技为自己的统治服务。康熙帝对数学尤其入迷，"以致把处理其他事物以外剩下的几乎全部时间都花在学数学上了，同时他把这种学习当作他最大的兴趣"。② 在康熙帝的推动

---

① （清）陆世仪：《思辨录辑要》卷十七，《治平类》。
② （清）白晋：《康熙帝传》，中国社会科学院历史研究所清史研究室编《清史资料》第1辑，中华书局1980年版。

下，清廷设立了算学馆，并利用西学完成了一系列重要的科学和文化工程，如《数理精蕴》《皇舆全览图》等。

在朝官僚对西学之态度，很大程度上取决于皇帝的立场，但出自学术兴趣潜心研究者也不乏其人，有的还颇有见地。像李光地为清初重要的理学家，但对西学并不排斥，他接受了地圆说，承认"中国不可言地之中"，"地至圆，无有上下，周遭人皆戴天履地，无有偏侧倒置"。① 不但如此，李光地还从儒学的角度，强调要有制作，要有发明，认为对西洋科技，不可以"奇技淫巧"一概否定。他说：

> 西洋人不可谓之奇技淫巧，盖皆有用之物，如仪器佩觿、自鸣钟之类。《易经》自《庖牺》没，神农作，神农没，尧舜作，张大其词，却说及作舟车、耒耜、杵臼、弧矢之类，可见工之利用极大。《周官》一本《考工记》，全说车，《辀人》一篇尤要系。定九先生云："《中庸》说九经必言'来百工'，而车尤难工。车中唯轮最妙，其行地者无多而轻利。"②

对一个正统理学家来说，能具备重视科技仪器和工艺制作这样的观念，在清初社会条件下十分难得，也从一个侧面反映出西方知识特别是科技知识的传入，推动着中国知识界对自己的历史文化进行反省。

还需特别提及的是黄百家。黄百家是著名思想家黄宗羲之子，曾以布衣身份参与《明史》撰修。黄百家在中西文化交流中最突出的贡献在于：他是第一个正式介绍哥白尼学说的中国人。在《宋元

---

① （清）李光地：《榕村语录》卷二十六，《理气》，中华书局1995年版。
② （清）李光地：《榕村语录》卷十四，《三礼》，中华书局1995年版。

学案》卷十七《横渠学案》中，他对哥白尼学说做了比较准确的介绍。他说：

> 百家谨案：地转之说，西人哥白泥立法最奇。太阳居天地之正中，永古不动，地球循环转旋，太阴又附地而行，依法以推，薄食陵犯，不爽纤毫。盖彼国历有三家：一多禄茂，一哥白泥，一第谷。三家立法，迥然不同，而所推之验不异，究竟地转之法难信。天左旋，处其中者顺之，少迟则反左矣。①

黄百家强调："历法一道，至今愈加精密，凡各曜之远近、大小、行度、薄食、陵犯，灼然可见可推，非可将虚话臆度也。"②

在《宋元学案》中，黄百家还对其他西学知识做了介绍。他指出：月非有阙，"月受日光，其一面常圆，但人从下视之，月与日相近时，日在上，则其光所见如钩月；与日对照时，则其光满如璧耳"。指出："星月金水受光于火日，阴受而阳施也。"③ 根据自己学习到的西学知识，黄百家特别指出："风雨露雷"等自然现象产生之原因，"近代西人之说甚详"，"种种变化，悉出自然。而其所从，或因日月星辰往来运动，能吸引下地之火气水土四行"。"经纬星辰，性情不齐，各能施效，故精于天文及分野者，能推此年之躔度，即可知此年之水旱也"④，这就在事实上否定了中国传统的种种迷信说法。

清初中国知识界中一些目光敏锐者，不但对西洋科技显示出比

---

① （清）黄宗羲：《宋元学案》卷十七，《横渠学案》上，见《黄宗羲全集》第3册，浙江古籍出版社1985年版，第808页。
② （清）黄宗羲：《宋元学案》卷十七，第814页。
③ （清）黄宗羲：《宋元学案》卷十七，第808页。
④ （清）黄宗羲：《宋元学案》卷十七，第812页。

较旺盛的热情，而且开始从理论的层次上予以比较。康熙时，曾任詹事府詹事的陈对初在其所著《中西算法异同论》一文中，全面分析了中国和西方在天算知识方面的差异，认为西法"有出于中法之外者"，有较中法为备者，并特别指出"三代而后，六艺往往不逮于古，何止数学而已！专门之绪，鲜克寻究，而西土以为六学之一焉。业于是者，终其身竭精殚虑以相尚也。观《几何原本》一书，自丁先生以来，若六经之尊贵可以考其用心，宜其争衡于中法也"。陈对初认为中西算法，"异者法也，而同者理也"，主张知识界"兼中西之法，神而明之，则艺也，而进乎道矣"。[①]

当然，清初知识界兼通中西之学最负盛名者，非梅文鼎莫属。其"西学中源"思想，对后世也产生了重要影响。

在明清之际的独特历史条件下，学习西洋科技与天主教传播是密切相关的，不可能截然分开。传教士带来西方科技的目的，绝不是为了改变中国自然科学和技术的落后局面，而是将其作为服务传教的工具。如何处理西方科技和天主教的关系，始终是明清时期中西文化交流的一个关键环节。对这一问题，做出比较深入的认识，并予以理论阐述，主要是在雍正以后的禁教时期，由立身清廷的官僚学者完成的。

18世纪20年代以后，清廷禁止了天主教的传播，中西文化交流陷入停滞状态，但这并不意味着已经被传教士带到中国的科技知识和思想观念随之消失，不再传播。事实上，清朝知识界关于西学的讨论一直都在进行。禁教时期中国知识界对西学的基本态度，大致可以用"实用"二字概括，也就是说从务实的立场出发，赞同清廷的主张，节取其技能，而禁传其学术。

天文、历算知识，因其关系到朝廷祭祀、社会生活、农业生

[①] 陆耀：《切问斋文钞》卷二十四，陈对初《中西算法异同论》。

产,而被不少人视为"实学"之一种,受到朝廷和知识界的高度重视。一些学者以此为契机,精研西洋科技和西方宗教,进而主张将中西知识结合起来,即"考校诸家,存古法以溯其源,秉新制以究其变",使"中西两法权衡归一"。① 权衡归一,不是全盘吸收西学,而是有选择地、有目的地进行取舍,在汲取其长技的同时,禁止与中国传统,特别是与儒家纲常伦理相抵触的思想的传播。

传教士介绍西洋科技的目的,是传播天主教,在传教士那里,科学服务于教义,对此,清朝知识界是非常清楚的,而且小心提防。《天问略》提要一针见血地指出:传教士"盖欲借推测之有验,以证天主堂之不诬,用意极为诡谲"。② 然而,《四库全书总目提要》学者比较明智地将西洋先进科技与天主教教义区别开来。《天学初函》提要分析说:"西学所长在于测算,其短则在于崇奉天主以眩惑人心。所谓自天地之大以至于蠕动之细,无一非天主所手造,悠缪姑不深辨,即欲人舍其父母而以天主为至亲,后其君长而以传天主之教者执国命。悖乱纲常,莫斯为甚,岂可行于中国者哉!"③ 正是基于这一认识,知识界对清廷"节取其技而禁传其学术"的主张十分拥护。在知识精英们看来,所谓"禁传其学术",就是要维护中国传统伦理道德和社会秩序,要维护中国传统文化的独立性和自主性,同时也具有防范西方列强假宗教、科技文化推行殖民侵略的用意。

需要指出的是,对清前期中国知识界对西学的认识与接受程度不宜估计过高。除了杨光先等坚决反对西方文化的保守学者外,就是对西学保持相对开明态度的学者,也有不少误区。主要表现在以

---

① 《四库全书总目提要》卷一零六,子部,《天文算法类一》。
② 《四库全书总目提要》卷一零六,子部,《天问略》条。
③ 《四库全书总目提要》卷一三四,子部,《天学初函》条。

下两个方面。

一是对西学学科分类及知识体系的曲解。最典型的就是对《西学凡》的评价。《西学凡》系艾儒略著，"所述皆其国建学育才之法"。该书将西学分为6科，即文科、理科、医科、法科、教科、道科。《四库全书总目提要》评论说：西学"其教授各有次第，大抵从文入理，而理为之纲。文科如中国之小学，理科则如中国之大学。医科、法科、教科者，皆其事业。道科则在彼法中所谓尽性致命之极也。其致力亦以格物穷理为本，以明体达用为功，与儒学次序略似，特所格之物皆器数之末，而所穷之理又支离神怪而不可诘，是所以为异学耳"①。这里将文科视为小学，将理科与大学相对应，将医科、法科视为事业，显然都是误解，用儒家格物穷理来概括西方哲学和科学理论的研究，尤其显得不伦不类。这表明当时的学者在用中学硬套西学，而不是将西学作为一个独立的学术体系，他们对西学的了解在理论上还是比较贫瘠的。

二是对一些西学知识，特别是地理学知识采取了轻率的否定态度。明西洋人艾儒略所著《职方外纪》，"所纪皆绝域风土，为自古舆图所不载"。该书将世界分为五大洲，即：亚细亚、欧罗巴、利未亚、亚墨利加、墨瓦蜡尼加，是一部十分重要的地理学著作。而《四库全书总目提要》的作者们，对该书的学术价值似乎比较茫然，竟谓"所述多奇异不可究诘，似不免多所夸饰。然天地之大，何所不有，录而存之，亦足以广异闻也"。② 表现出一种不追求科学实际的轻率态度。

在《四库全书总目提要》中，南怀仁的《坤舆图说》，也经历了类似的遭遇。该书"上卷自坤舆至人物，分为十五条，皆言地之

---

① 《四库全书总目提要》卷一二五，《西学凡》条。
② 《四库全书总目提要》卷七十二，史部，《职方外纪》条。

所生。下卷载海外诸国道里、山川、民风、物产，分为五大洲，而终之以西洋七奇图说"。而《四库全书总目提要》却将此书与《神异经》相比附，"疑其东来以后，得见中国古书，因依仿而变幻其说，不必皆有实迹"，这就否定了此书的学术价值。当然，《四库全书总目提要》的作者们毕竟还为自己留了一点后路，又补充说："然核以诸书所记，贾舶之传闻，亦有历历不诬者。盖虽有所粉饰，而不尽虚构，存广异闻，固亦无不可也。"①

《四库全书总目提要》将记载西方地理、风俗、物产的著作，视作"异闻"，反映了当时知识界以自我为中心，对中国以外的世界缺乏兴趣，也缺乏探索、求新的精神和勇气。在这种情况下，中西文化要实现更加深入的交流汇合，是比较困难的。

二 世界知识

长期以来，不少学者认为明清时期的中国人对外部世界的了解是极其贫乏的，如史景迁就认为18世纪的中国知识界是封闭的，对外界不感兴趣，"中国对外国的描述仍是想入非非的神奇故事，外国人被作者自以为是的语言贬低得和鸟兽差不多"。② 从表面上看，这种说法有一定道理。然而，如果仔细分析，就会发现有些简单化了。明清两朝，特别是清代的知识界绝非铁板一块。在不同时期，人们对世界的了解和认识不尽一致，对不同的国家，人们的了解程度也参差不齐，而且知识精英们个人素质不同，理论倾向不同，对外界的看法也相互歧异。不过，从总的情况看，这个时期知

---

① 《四库全书总目提要》卷七十二，史部，《坤舆图说》条。
② Jonathan D. Spence, *The Search for Modern China*, New York: W. W. Norton & Company, 1991, p. 114.

识界的世界知识和其学术观一样,仍处于充满矛盾的转型期。

明清时期知识界关于外部世界,谈论较多的是带来天文历算的天主教。晚明和清初,一些知识精英对天主教比较尊重,甚至出现信奉者。然随着康熙后期特别是雍正帝禁教政策的推行,知识界对天主教的批评增多起来,甚至变得无所顾忌,中西之间尖锐而深刻的文化冲突于是通过知识界对天主教的分析、评论、攻击,充分体现出来。赵翼是清盛世时期的重要学者,他和传教士有过接触,对天主教的了解比一般学者要深刻一些。其《天主教》一文不但比较正确地描述了世界地理状况、中国所在的位置,而且对天主教产生以及向中国传播的历史做了分析。

这篇文章有三点值得注意。

一是赵翼承认天主教为世界主要宗教之一,即"天下大教四,孔教、佛教、回回教、天主教也,皆生于亚细亚洲,而佛教最广"。[①] 这就改变了过去儒释道三教并存之说,从世界文化的角度,给了天主教一席之地。此后,天主教是世界主要宗教这一说法逐渐成为清朝学术界的共识。成书于光绪初的《庸闲斋笔记》说:"韩昌黎云:'古之教者一,今之教者三。'自唐迄今千有余年,又增二教,曰回回教、天主教,天主教中复分为耶稣教,佛教中更析为红教、黄教。"[②] 其言可以说是对清前期四教说法的发展。

二是赵翼改变了传统士大夫的狭隘心态,承认儒学的国际影响不及佛教和天主教,即"孔教仅中国之地,南至交趾,东至琉球、日本、朝鲜而已。是佛教所及最广,天主教次之,孔教、回回教又次之"。[③]表明中国的士大夫正在从盲目自大的误区中走出来,开始

---

① (清)赵翼:《廿二史札记》卷三十五,《天主教》,清嘉庆五年湛贻堂刻本。
② (清)陈其元:《庸闲斋笔记》卷十,《三教增为五教》,中华书局1989年版。
③ (清)赵翼:《廿二史札记》卷三十五,《天主教》。

尊重现实，尊重历史。

三是在实事求是地评论世界主要宗教（当然，现在看来将儒学视为宗教是不妥的，但在历史上，人们习惯于将它与宗教相提并论，这里就不必深求了）的同时，又暴露出明显的中国文化中心论："孔子集大成，立人极，凡三纲五常之道无不该备，乃其教反不如佛教、天主教所及之广，盖精者惟中州清淑之区始能行习，粗者则殊俗异性皆得而范围之故，教之所被尤远也。试观古帝王所制礼乐刑政，亦只就伦常大端导之、禁之，至于儒者所言身心性命之学，原不以概责之庸众，然则天道之包举无遗，固在人人共见之粗迹，而不必深求也哉。"将中国视为"清淑之区"，"儒者所言身心性命之学，原不以概责之庸众"，为儒学影响的局限性作辩解。[①] 赵翼这种思想的矛盾性，实际上是知识界先进分子世界观转型的生动体现。

对于欧洲诸国，明清时期中国知识界关于俄罗斯的知识相对丰富。著名官僚谢济世《西北域记·俄罗斯》对俄罗斯的位置和生活习尚有大体正确的记载。赵翼则考察了俄罗斯的疆域情况，明确指出：俄罗斯非清朝属国，而是"与国"，"不奉正朔，两国书问不直达宫廷"。并指出，"其国历代皆女主，号察罕汗"，"闻近日亦易男主矣"。[②] 这里所谓"易男主"，当指的是1796年俄国女皇叶卡捷琳娜二世去世，其子保罗一世继位之事。据何秋涛称，《簷曝杂记》成书于嘉庆庚午（1810年），当时赵翼只是闲居家中的普通文人，他能在数年中比较准确地了解俄国政治变动情况，表明当时知识界对外界还是关注的，并非如一些人所谓的一无所知。

能比较全面反映明清时期中国人对世界了解状况的成果，当属

[①] （清）赵翼：《廿二史札记》卷三十五，《天主教》。
[②] （清）赵翼：《簷曝杂记》卷一，《俄罗斯》。

陈伦炯所著《海国闻见录》和谢清高口述，杨炳南整理完成的《海录》。

《海国闻见录》系作者根据其亲历见闻，比较全面地叙述了清代欧亚主要国家或地区的情况。该书不少记载颇为可靠。如因陈伦炯去过日本，对其国地理、风土、人情描述尤为生动形象，也比较准确，反映了18世纪中国知识界关于欧亚北非知识的最高水平。

从世界观念的角度看，《海国闻见录》有三点值得特别重视。

一是它注意到了中国和欧洲在航海技术上的差异。

二是注意到了华侨在海外的生活情况。

三是高度警惕西方殖民势力可能的侵略。《海国闻见录》有不少地方记载了西方殖民强盗侵占东南亚地区以及当地居民进行反抗的情况。如《东南洋记》说："马神番性相似，人尤狡狯。红毛人曾据其港口，欲占其地。番畏火炮莫敢敌，入山以避。用毒草浸洗上流，使其受毒自去。"[①] 陈伦炯指出：西洋诸国之人，"身长而心细巧，凡制作皆坚制巧思，精于火炮，究勘天文地理"[②]。为此，他高度重视加强沿海防务，特别指出："广省左捍虎门，右扼香山。而香山虽外护顺德、新会，实为省会之要地。不但外海捕盗，内河缉贼，奸匪殊甚，且共域澳门，外防番舶，与虎门为犄角，有心者岂可泛视哉！"[③] 表现出对外来侵略的高度防范和重视。

《海录》成书于嘉庆年间。口述者谢清高，大约生于乾隆三十年（1765），卒于道光元年（1821），系广东嘉应州金盘堡（今梅县丙村镇金盘乡）人，"少敏异，从贾人走海南，遇风覆其舟，拯

---

① （清）陈伦炯：《海国闻见录》卷上，《东南洋记》。
② （清）陈伦炯：《海国闻见录》卷上，《大西洋记》。
③ （清）陈伦炯：《海国闻见录》卷上，《天下沿海形势录》。

于番舶,遂随贩焉。每岁遍历海中诸国,所至辄习其语言,记其岛屿、阨塞、风俗、物产,十四年而后返粤,自古浮海者所未有也"。① 后"盲于目,不能复治生产,流寓澳门,为通译以自给"。② 大约嘉庆二十五年(1820),谢清高的同乡杨炳南与其相遇于澳门,遵嘱将其见闻记录加工,成《海录》一书。

观《海录》一书,其显著特色在于,基于作者亲身经历,比较详细地描述了外部世界的情况,如其介绍英吉利国(英国),称其"急功尚利,以海舶商贾为生涯。海中有利之区,咸欲争之。贸易者遍海内,以明呀喇、曼哒喇萨、孟买为外府"。又称其"国虽小,而强兵十余万,海外诸国多惧之"。③ 介绍殖民大国荷兰云:"国王已绝嗣,群臣奉王女为主,世以所生女继","所属各镇虽在数万里之外,悉遵号令,无敢违背"。④ 其介绍佛郎机(《海录》中佛郎机指法国)云:"民情淳厚,心计奇巧,所制钟表甲于诸国。酒亦极佳。风俗土产与西洋略同,亦奉天主教。"⑤ 其介绍咩哩干国(即美国)时,注意到了该国和英国的关系,以及科技和工业的发达,称咩哩干国"原为英吉利所分封,今自为一国"。"其国出入多用火船,船内外俱用轮轴,中置火盆,火盛冲轮,轮转拨水,无烦人力,而船自驶。其制巧妙,莫可得窥,小西洋诸国亦多所效之矣。自大西洋至咩哩干,统谓之大西洋,多尚奇技淫巧,以海舶贸易为生。"⑥

由于知识结构和客观条件的限制,《海录》所载未必完全准确,其考察也不够深刻,但总体而论,在清前期中国人关于外部世界的

---

① (清)谢清高口述,杨炳南笔录,安京校释:《海录校释》,《杨炳南序》,商务印书馆2002年版,第329页。
② (清)谢清高口述,杨炳南笔录,安京校释:《海录校释》,《杨炳南序》,第329页。
③ (清)谢清高口述,杨炳南笔录,安京校释:《海录校释》,《英吉利国》,第250页。
④ (清)谢清高口述,杨炳南笔录,安京校释:《海录校释》,《荷兰国》,第220页。
⑤ (清)谢清高口述,杨炳南笔录,安京校释:《海录校释》,《佛郎机国》,第217页。
⑥ (清)谢清高口述,杨炳南笔录,安京校释:《海录校释》,《咩哩干国》,第264页。

描述上，该书可谓出类拔萃，并在近代受到人们的关注。说谢清高是清代放眼看世界的先行者绝不过分。

三 西方物质文明的影响

明清时期，西洋器物的传入和使用，直接影响了中国社会的生活方式和治理形式。

如果要问鸦片战争以前，中西文化交流中，哪一种西洋器物对中国社会影响最大，毫无疑问，是火器的引入。由中国发明的火药和火器，在13—14世纪传入欧洲后，迅速得到传播和改进，16世纪，随着青铜臼炮、加农炮等一系列先进火器问世，中国火器制造技术已远远落后于西方。而传教士来华后，东西方联系加强，一些西洋火器及其制造技术逐渐被带到中国。

明清时期，西洋火器传入中国，主要包括火炮和鸟枪两种。

火炮，主要是佛郎机炮和红夷炮。佛郎机炮，亦称"大将军"。因从佛郎机（即葡萄牙）传入而得名，是当时世界上最先进的火炮。

从欧洲传入的火炮，在明清军事装备中占据重要地位。时人称："（贼来），我军火炮、火铳、飞枪、火箭、弓矢齐发，若势冲动，又以大将军击之。"[1]

鸟枪，也系从欧洲传入。鸟枪，亦称鸟铳。清代，鸟枪在军队装备中占据重要位置，成为装备精锐部队的要器，所谓"清代以弧矢定天下，而威远攻坚，亦资火器。故京营有火器营、鸟枪兵之制，屡命各省防军参用枪炮"[2]。

---

[1] （清）孙承泽：《春明梦余录》卷三十一，《戎政府》。
[2] 《清史稿》卷一四零，《兵志十一》。

明清时期，火器的制造，在相当程度上得益于传教士。像汤若望曾帮助明朝政府制造火炮，时有太监跟随学习。当时，他制造了能装填40磅炮弹的火炮，后来，又主持制造了数百门小炮，然而，由于明朝军队的腐败，威力未能充分发挥。

清朝对火器历来高度重视，入关前即已充分利用，并学习其铸造技术，由于火器在清朝开基创业中占据重要地位，故逐渐成为朝廷高度重视的"制胜要器"。清朝皇子自幼即要练习火器。乾隆帝称："余十二岁初学发枪，时蒙恩赐者，数十年来木兰遇鹿，发无不中，洵为神器。"① 学习鸟枪射击，成为皇子习武的重要内容。

西洋的医学知识，包括红酒，也被传教士带进中国。像一度感觉心脏不适的康熙帝，就通过服用红酒、葡萄酒，调理身心，颇有裨益。殷弘绪神父说：

> 上帝成竹在胸，为了基督教的利益，它可能于我们处境困难之际安排了这个使皇帝更喜欢我们的机会，因此降福于罗德先教友为他治病的药物。他配制了胭脂红酒让皇帝服用，首先止住了最令他心神不安的严重的心悸症；随之又建议他服用产自加那利（Canarie）群岛的葡萄酒。为供弥撒之需，每年都有人从马尼拉给传教士寄这种酒，后者便留心提供给皇帝。不多久，皇帝恢复了体力，如今十分健康。②

康熙皇帝对西方医学很感兴趣，传教士记载说："两年来，皇帝很注意研究欧洲的医药，尤其是法国国王分发给全国穷人的药

---

① 《清高宗御制诗》第五集卷七十六，《题旧准神枪》。
② ［法］杜赫德编：《耶稣会士中国书简集》第2册，郑德弟译，《殷弘绪神父致印、中传教区总巡阅使信》，大象出版社2001年版，第37页。

粉。我们告诉了他这些药粉在法国治愈的所有疾病。他通过反复试验看到这些药粉的疗效果真神奇、迅速。"发高烧的康熙帝曾服用金鸡纳霜,"每天服用金鸡纳霜,病情日益好转"。[①] 据传教士记载,康熙帝曾"公开宣布,张诚神父与白晋神父的药粉救了他的命,而我(洪若翰神父)和刘应神父带给他的金鸡纳霜让他退了烧,他要重赏我们"。[②]

上层社会使用西洋药品治病在文学作品中也有不少反映。《红楼梦》第五十二回描述说:晴雯生病,宝玉建议"越性用西洋药治一治,只怕就好了"。结果用了"西洋贴头疼的膏子药,叫做'依弗哪'"。[③] 显然,这个时期一些西洋药品,进入了达官贵人的日常生活。

明清时期,不少西洋科技仪器,制作精良,结构巧妙,堂皇炫目,有的可为实用,有的颇堪玩赏,以致当时从皇帝、贵族到普通官宦士人,纷纷置备,一时间,西洋器物成为中国精英社会的一大时尚。18世纪末,马戛尔尼使团副使斯当东根据两位精通西学的中国人提供的情报,描述当时中国上流社会对西洋物器的追求说:

> 内装弹簧齿轮,外镶珍贵宝石的八音匣,按广东土语讹称之为"新桑"(Sing-Song)的,这一类机器售价最高。这些东西虽然没有什么实际用处,但中国官吏们却醉心追求,示意他们的属下不惜任何代价收买。下属们对这个命令是不敢不遵的。于是乎这些珍奇玩物就送到了达官贵人之手,有时作为贡献长官的礼物,有时长官们为了避免物议,表面上也出一点极为低微的代价收购,这些玩物源源不断地由私商运进中国来,

---

① [法]杜赫德编:《耶稣会士中国书简集》第1册,郑德弟、吕一民等译,《洪若翰神父致拉雪兹信》,大象出版社2001年版,第288—290页。
② [法]杜赫德编:《耶稣会士中国书简集》第1册,郑德弟、吕一民等译,第290页。
③ (清)曹雪芹:《红楼梦》第五十二回,《俏平儿情掩虾须镯,勇晴雯病补雀金裘》。

价值已达一百万英镑之巨。这些东西大部分落于中国皇帝和他的大臣们手中。……

天文学是素被中国尊重的一门科学，中国政府对它非常重视。最近的改良的天文仪器及最好的天体循环型标本等物应当是中国人欢迎的礼品。……

英国名厂制造的增进人类生活方便和舒适的最新产品也是一种很好的礼物。它不但满足被赠送者在这方面的需要，还可以引起他们购买这类物品的需求。①

时人的一些记载也生动地反映出西洋器物在中国的流传情况。学者凌廷堪曾对阮元说：在扬州，"钟表、水铳、鼻烟、水烟之属，及近日英吉利所制之洋灯、风枪，古之所无，而扬州皆有"。② 著名小说《红楼梦》里就有大量关于西洋物器的描述，如钟表、药品、衣物等。其第四十二回描写宝玉卧室陈设时，特别提到其镜子有西洋机栝，"可以开活"，"不意刘姥姥乱摸之间，其力甚巧，便撞开消息，掩过镜子，露出门来"。③ 成书于18世纪末的《红楼梦》续书《续红楼梦》有关于显微镜等西洋器物的记载，《后红楼梦》不但有显微镜，还有对西洋琉璃榻等奢侈品的描述。可见，在文学作品中，西洋器物已经成为描写上流社会家庭陈设的重要元素。

至于这个时期的文人笔记，关于西洋物品的记载更多。例如，阮葵生的《茶余客话》在介绍地圆说等天文知识的同时，还介绍了自鸣钟、时辰表等机械装置的制造方法。④ 钱泳《履园丛话》记载

---

① ［英］斯当东：《英使谒见乾隆纪实》，叶笃义译，商务印书馆1963年版，第37、38页。
② （清）凌廷堪：《校礼堂文集》卷二十三，《与阮伯阁学论画舫录书》。
③ （清）曹雪芹：《红楼梦》第四十二回，《栊翠庵茶品梅花雪，怡红院劫遇母蝗虫》。
④ 详见阮葵生《茶余客话》卷十三，《自鸣钟》《时辰表》。

了钟表及天文仪器的传播情况。他说:"自鸣钟表皆出于西洋。本朝康熙年间始进中国,今士大夫家皆用之。""近广州、江宁、苏州工匠亦能造,然较西法究隔一层。"①

钟表已经成为达官贵人掌握时间,特别是清廷官僚确定上朝时间的重要工具。时人记载说:"钟表亦需常修理,否则其中金线或有缓急,辄少差。故朝臣之有钟表者,转误期会,而不误者皆无钟表者也。傅文忠公(即傅恒)家所在有钟表,甚至僮从无不各悬一表于身,可互相印证,宜其不爽矣。"②

明清时期,从西洋传入的眼镜颇受知识精英阶层的青睐。清朝皇帝曾将眼镜赐给臣僚,以示恩宠。像雍正皇帝曾赐眼镜给巡抚陈时夏之母,时夏称:"臣母子感激难名。"③乾隆皇帝写过不少眼镜诗。其辛丑(乾隆四十六年)所作《眼镜》诗有句云:"眼镜不见古,来自洋船径;胜国一二见,今则其风盛;玻璃者过燥,水晶温其性;目或昏花者,戴之藉明暎;长年人实资,翻书辈几凭;今四五十人,何亦用斯竞?一用不可舍,舍则如瞽定。"④生动地反映了清人对眼镜的认识和使用情况。

一些知识分子在和传教士交往中,尤其是在参观西方科技仪器以后,深受触动,开始承认中国之不足,进而产生了新的知识观念。像18世纪著名学者赵翼对西洋器物颇感兴趣,曾参观了京师宣武门内的天主堂,仔细考察其建筑、装饰和陈设,并详细记载其千里镜(即望远镜)和乐器的制作及功用。⑤赵翼指出:"自鸣钟、时辰表,皆来自西洋,表则有针随晷刻指十二时,皆绝技也。"⑥他

---

① (清)钱泳:《履园丛话》卷十二,《铜匠》。
② (清)赵翼:《簷曝杂记》卷二,《钟表》,中华书局1982年版。
③ 《世宗宪皇帝朱批谕旨》卷十一下,《朱批陈时夏奏折》。
④ 《八旬万寿盛典》卷十,《御制眼镜》。
⑤ (清)赵翼:《簷曝杂记》卷二,《西洋千里镜及乐器》。
⑥ (清)赵翼:《簷曝杂记》卷二,《钟表》。

感慨说:"可知天地之大,到处有开创之圣人,固不仅羲、轩、巢、燧而已。"① 这对传统的中国文化中心论,特别是"西学中源"说,可谓是大胆挑战。不难看出,从物质层面逐渐向制度和精神层面深入,是文化交流的一般常态。

耐人寻味的是,明清时期传入中国的西洋器物,主要是生活用品,特别是奢侈品,而真正对推动社会进步具有重要意义的先进技术和生产工具,并没有被及时传到中国,如产业革命中涌现的新的发明(包括新型纺纱机、蒸汽机、矿工灯等),没有被带到中国。而西洋器物,因其主要是消费品、奢侈品,价格昂贵,所以其使用主要局限在贵族和精英阶层,对普通百姓(尤其是内地偏远地区的百姓)来说,并没有太多的实质性意义。

如果要对16—19世纪中叶中国和西方文化交流历史做一个定性,可以说这是有史以来二者间第一次大规模、深入的文化交流,无论是其成就还是不足,都深刻影响到此后数百年中外关系的历史进程。

就中国而言,这一交流的成果(未必都是正面的)主要表现在三个方面。

第一,中国土地上出现了一个新的稳定的宗教组织,这就是天主教。当时,不但许多普通百姓信奉天主教,而且一些官僚、士人也成为天主教的虔诚信徒。特别是从万历到康熙年间,随着徐光启等高级官僚的受洗,天主教在中国获得了较快发展,成为一种在社会生活,特别是文化生活中发挥重要影响的力量。

第二,西方传教士带来的科学文化知识受到了中国知识界的高度重视,不但开阔了他们的眼界,而且更新和丰富了中国传统的知识体系,构成了中国早期近代化的新元素。

---

① (清)赵翼:《簷曝杂记》卷二,《钟表》。

第三，西方传教士、商船带来的西洋器物，深刻地影响到了明清时期的政治、军事，以及一些贵族、士人和城市居民，特别是沿海群众的生活。

从此，中国和西方国家之间开始了持续的、事实上无法中断的互动过程，这一互动，为鸦片战争以后全方位的社会变革，做了充分的前期准备，将深刻地影响未来社会的演变方向。

需要特别强调的是，无论是西方商船还是传教士，都不可能将近代化带到中国，对19世纪以前中国和欧洲的文化交流，不能有过高估计。耶稣会士不是当时欧洲先进科学与文化的代表者，他们带给中国的主要是天主教教义，而不是西方的近代制度和文化。事实上，17、18世纪在欧美真正具有近代意义的成果，如启蒙思想、蒸汽机、《人权宣言》等，没有一件被耶稣会士带到中国。退一步讲，即使传教士将西方近代知识带到中国，也未必能产生近代化的效果，对当时的中国朝廷和百姓而言，学习西学还构不成时代急务。

总之，明清时期中西之间的文化交流，具有十分清晰的双重性。它既是中西交流史上中国和欧洲第一次大规模的比较深入的文化交流，开启了中国人认识外部世界、了解外部世界、学习先进科学技术知识的新时期，为"一带一路"沿线文化交流注入了更加丰富、更加鲜活、更富时代特色的历史新内涵。但与此同时，这次交流也带有明显的局限性。交流与封闭、进步与落后并存，既是明清时期中西初识的重要特色，也是不同文化开始接触、开始对话的一般常态。对此，我们没有必要苛求历史的当事者。对历史研究来说，最重要的任务不是责难古人，而在于揭示隐藏在文化交流背后的深层时代本质，因为这是准确认识明清时期中国与世界，探索三百年来中国历史发展道路的重要前提。

迄今为止，中国和西方世界的交往、互动，仍充满了不确定性，在不少地方，仍处于探索与调适中。对一系列事关全局、事关本质的问题，仍需要冷静观察。

我们唯一可以确定的是，历史没有终结，文明仍需对话。

"一带一路"与跨文化对话

巴德胜（Bart Dessein）[*]

摘要：本文概述了"中国"文化如何影响其他文化，正如这些文化影响了中国一样。本文认为，文化边界的可渗透性（porosity）恰恰是文化活力的先决条件，而当前实施的"一带一路"倡议——一张基础设施和沟通渠道构成的网络——在这个意义上为新的中欧对话和相互理解创造了条件。这一新的对话也为纠正19世纪不对称世界主义（asymmetrical cosmopolitanism）造成的影响提供了机会。

关键词："一带一路"倡议、跨文化对话、不对称世界主义、文化边界

自见者不明；自是者不彰。

——老子·《道德经》第24章[①]

---

[*] 欧洲著名汉学家、比利时根特大学东方语言与文化系终身教授、比利时皇家海外科学院院士、欧洲汉学学会主席。

[①] Laozi 老子, *Daodejing*《道德經》(*The Way and Its Power*), Zhongguo zhexueshu dianzihua jihua 中國哲學書電子化計劃, https://ctext.org/dao-de-jing/zh。

2013年9月7日，中国国家主席习近平在哈萨克斯坦阿斯塔纳（现努尔苏丹）纳扎尔巴耶夫大学发表了题为《弘扬人民友谊，共创美好未来》的演讲，提出了"丝绸之路经济带"倡议。他指出，"世界经济融合加速发展，区域合作方兴未艾"，并提出五个步骤推动"欧亚各国经济联系更加紧密、相互合作更加深入、发展空间更加广阔"，即加强政策沟通、加强道路联通、加强贸易畅通、加强货币流通、加强民心相通。他指出，"国之交在于民相亲"，[①] 这五个步骤中的最后一步正是国与国之间良好关系的关键。本文正是致力于增进这种"人民之间的理解"。

一 中国对世界的发现和变动的身份

中国对外部世界的第一次直接了解可以追溯到汉朝（公元前206年—公元220年）著名使节张骞（？—114年）出使大夏（Bactria，巴克特里亚王国），目的是与其结成军事联盟，共同抵抗威胁汉王朝北部边境的匈奴。[②] 尽管他的使命没有成功，但他在报告中描述了为中国增进财富而获取奢侈品、扩张汉王朝领土和提高帝国威望的可能性，这大大改善了汉王朝对非汉人世界的理解。[③] 张骞出使之后，大夏、费尔干纳（Ferghana，今乌兹别克斯坦东部、吉尔吉斯斯坦南部和塔吉克斯坦北部地

---

① Xi, Jinping, "Promote Friendship Between Our People and Work Together to Build a Bright Future", 8 September 2013, https：//www.fmprc.gov.cn/ce/cebel/eng/zxxx/t1078088.htm.

② 著名历史学家司马迁（约公元前145年—约前86年）所著的《史记》第123章记录了他的这次旅程。关于张骞出使的描写，请参见 Yü, Ying-shih, "Han Foreign Relations", in Denis Twitchett and Michael Loewe, eds., *The Cambridge History of China. Volume 1. The Ch'in and Han Empires 221 B.C.-A.D. 220*, Cambridge：Cambridge University Press, p.407。

③ Hulsewé, Anthony, *China in Central Asia, the Early Stage: 125 BC-AD 23. An Annotated Translation of Chapters 61 and 96 of the History of the Former Han Dynasty*, Leiden：Brill, 1979, p.41.

区)、帕提亚(Parthia,今伊朗东北部)和斯基泰(Scythia,欧亚大草原)均派遣使节到中国朝廷。商人们紧随这些外交使团之后,将商品从中亚运到中国。由此产生的"西域"与中国之间的贸易是后来"丝绸之路"的基础——实际上是从当时中国首都长安(今西安)通过塔克拉玛干沙漠中的绿洲王国,一路向西和中亚连接的道路网。① 同样是在汉代,来自中亚的佛教僧侣首次穿越丝绸之路②到达中国。至唐代(618—907年),印度和中亚佛教已经高度中国化,并发展出了许多中国佛教流派。③ 以中亚为中转地,随着景教、摩尼教、琐罗亚斯德教、伊斯兰教的传入,唐代中国的宗教格局得到进一步丰富。通过这种方式,建立了一种政治、经济和文化联系,并最终通过中亚将中国和印度以及更西边的地域连接起来。④ 在这一过程中,中国受其他文化的影响和它对其他文化的影响同样深刻。也就是说,"中国人身份"不是一个固定的、自然的存在状态,而是一个

---

① 1877年,普鲁士探险家、地质学家和地理学家李希霍芬创造了"丝绸之路"(Seidenstrasse)一词。

② Ch'en, Kenneth, *Buddhism in China. A Historical Survey*, Princeton: Princeton University Press, 1964, pp. 32 – 33.

③ Zürcher, Erik, *The Buddhist Conquest of China. The Spread and Adaptation of Buddhism in Early Medieval China*. 2 vols, Leiden: E. J. Brill, 1959, 1972.

④ Twitchett, Denis, "Introduction", in Denis Twitchett ed. *The Cambridge History of China. Volume 3. Sui and T'ang China, 589 – 906, Part I*, Cambridge: Cambridge University Press, p. 34. 关于景教,请参见 Hopkirk, Peter, *Barbaren langs de zijderoute. Op zoek naar de verloren steden en schatten van Chinees Centraal-Azië*. Baarn: Hollandia, 1987, 1991, p. 45. (Dutch translation of *Foreign Devils on the Silk Road*. London: John Murray, 1980);关于摩尼教,请参见 Lieu, S. N. C, *Manichaeism in the Later Roman Empire and Medieval China*, Tübingen: Mohr, 1992, pp. 297 – 298;关于琐罗亚斯德教(或"拜火教"),请参见 Forte, Antonino, "Iranians in China: Buddhism, Zoroastrism, and Bureaus of Commerce", *Cahiers d'Extrême-Asie*, Vol. 11, 1999 – 2000, pp. 277 – 290;关于伊斯兰教,请参见 Lipman, Jonathan Newman, *Familiar Strangers, a History of Muslims in Northwest China*, Seattle: University of Washington Press, 1997, p. 25;关于中亚的伊斯兰化,请参见 Lewis, Mark Edward, *China's Cosmopolitan Empire: The Tang Dynasty*, Cambridge M. A. and London: Harvard University Press, 2009, pp. 146 – 147。

演变的过程。历史记录证明了这种不断变化的身份如何影响了人们对"其他人"的看法。

在(北)宋(960—1127年)时期,防御北方威胁占据了中国政治精英的大部分精力,以至于和此前的朝代相比,他们只能对抑制商人阶级这一儒家精英的传统潜在政治对手,给予较少的关注。尤其是在(北)宋于1127年被迫南迁(南宋)之后,由于对传统上受辱的商人阶级缺乏有效的政治钳制,导致了他们势力的显著增长。在此期间,商人在华东和华南沿海城市间进行贸易。这种向海洋的转向改变了中国唯一的陆地导向(这是北部边境受到持续威胁的实际结果),使之变成了一个海洋国家。而当蒙古人击败南宋并将"中国"作为元朝(1279—1368年)并入其帝国版图时,这是统一的帝国第一次由非汉人统治,极大地增强了中国的多元文化特质。

中国的多元文化也体现在明朝(1368—1644年)太监郑和(1371—1433年)著名的远洋航行中。1405—1433年,他远航至印度、霍尔木兹和非洲东海岸。[1] 这是中国人与阿拉伯世界的第一次直接接触,此前,他们只是通过当时主导国际贸易的波斯和阿拉伯商人间接了解该地区。[2] 对于非洲人来说,郑和的到来本可以被受访国领导人看作是一次"国事访问",因为他们通过阿拉伯贸易已经熟悉了各自的商品,但是,为了正确认识郑和航海的性质,需要注意的是,正如大卫·H. 辛恩(David H. Shinn)和约书亚·艾森

---

[1] Filesi, Teobaldo, *China and Africa in the Middle Ages*, London: Frank Cass (translated by David L. Morison), 1962, pp. 52 – 55; Mote, Frederick W., *Imperial China 900 – 1800*, Cambridge and London: Harvard University Press, 1999, p. 615. 关于公元10世纪中国人可能出现在非洲东海岸,请参见 Levathes, Louise, *When China Ruled The Seas. The Treasure Fleet of the Dragon Throne, 1405 – 1433*, New York and Oxford: Oxford University Press, 1994, pp. 200 – 201。

[2] Levathes, Louise, *When China Ruled the Seas. The Treasure Fleet of the Dragon Throne, 1405 – 1433*, New York and Oxford: Oxford University Press, 1994, p. 37.

曼（Joshua Eisenman）所强调的，中国儒家精英并不将他们与非洲的互动视为"贸易"——这样的经济活动只会被他们视作是不尊重。①

换言之，郑和下西洋符合儒家思想，必须象征着统一的明王朝重新获得国际地位。② 这意味着中国政治精英把从遥远国家带回给他们的"商品"视为"贡品"。③ 从郑和的船员从他们所访问的非洲国家带回的物品中，确实可以看出这些航行的高度象征意义：中国人向他们所访问的国家赠送丝绸和瓷器等奢侈品，而把长颈鹿、斑马、狮子、老虎、犀牛和鸵鸟等动物带回中国。这些航行的儒家性质也可以从这样一个事实推导出来：据记载，皇帝对所有参加郑和于 1419 年 7 月 15 日返回中国的第五次航海的军官都给予了丰厚的赏赐，并于 1419 年 8 月 8 日在皇宫接见了外国使节。这次航行从亚丁带来的麒麟进一步启发了金幼孜（1368—1431 年）按照儒家的解释，将一个接一个这么多的祥瑞归功于"皇帝的至善"。④

---

① Shinn, David Hamilton and Joshua Eisenman, *China and Africa: a Century of Engagement*, Philadelphia: University of Pennsylvania Press, 2012, p. 18.

② Mote, Frederick W., *Imperial China 900 – 1800*, Cambridge and London: Harvard University Press, 1999, p. 613; Brook, Timothy, *The Troubled Empire, China in the Yuan and Ming Dynasties*, Cambridge M. A. and London: The Belknap Press of Harvard University Press, 2010, p. 94.

③ Langlois, John D., "The Hung-wu Reign, 1368 – 1398", in Frederick W. Mote and Denis Twitchett eds., *The Cambridge History of China*: Vol. 7: *The Ming Dynasty, 1368 – 1644, Part I*, Cambridge: Cambridge University Press, 1988, pp. 168 – 169; Ropp, Paul, S., *China in World History*, Oxford: Oxford University Press, 2010, p. 89; Torck. Mathieu, *Avoiding the Dire Straits: an Inquiry into Food Provisions and Scurvy in the Maritime and Military History of China and Wider East Asia*, East Asian Maritime History 5, Wiesbaden: Harrassowitz Verlag, 2009, p. 154.

④ Jin Youzi 金幼孜, *Shuyu zhouzi lu*《殊域周谘录》(*The Records of Collecting Suggestions about the Foreign Regions*), Zhongguo zhexueshu dianzihua jihua 中國哲學書電子化計劃, https://ctext.org/wiki.pl?if=gb&res=918541&remap=gb. 罗普（Ropp）提道："中国人认为长颈鹿是民间传说中的独角兽，在历史上很少出现，象征着圣人皇帝的在世。"请参见 Ropp, Paul, S., *China in World History*, Oxford: Oxford University Press, 2010, p. 89.

1433年郑和去世后，宣德皇帝（1425—1435年在位）屈从于朝廷文人的抱怨，称这些航行过于昂贵，从而停止了远航。在评估这种终止的影响时，保罗·马斯格雷夫（Paul Musgrave）和丹尼尔·尼克森（Daniel H. Nexon）认为："远征的结束是明朝向内转向的标志，可能导致了由更富冒险精神的西方列强加诸中国的最终的'百年国耻'。"① 这种与"百年国耻"的联系，对于郑和在当代"一带一路"倡议叙事中的再现是非常重要的。

二 文化的边界和界限

中国在漫长的帝国时期"发现世界"的上述例子，说明了文化边界的可渗透性以及这种可渗透性带来的文化持续更新的动力。这不仅适用于丝绸之路所切入的中国西部边界和中国的海上疆域，也适用于中国北部边境著名的长城。长城明显标志着中国古典文学中被称为"中国"（通常译为"China"②）的农业地域的北部边界，可能是为了"圈定"中国的文化和农业土地免受北方草原民族的入侵。需要注意的是，在后世的史学家眼中，长城成了一个负面的象征，因为它代表了中国第一个皇帝秦始皇（公元前221—前210年在位）对那些被迫劳动以建造城墙的人施加的暴政。③ 此外，中国历史上对长城的反复重建——现在的长城是（重）建于明朝——依

---

① Musgrave, Paul and Daniel H. Nexon, "Defending Hierarchy from the Moon to the Indian Ocean: Symbolic Capital and Political Dominance in Early Modern China and the Cold War", *International Organization*, Vol. 72, Iss. 3, 2018, p. 592; Barr, Michael, "How Chinese Identity Politics Shapes Its Depictions of Europe", *Review of European Studies*, Vol. 4, Iss. 3, 2012, p. 45.

② 关于"China"一词，请参见 Laufer, Berthold, "The Name China", *T'oung Pao*, second series, Vol. 13, Iss. 5, 1912, pp. 719-726。

③ Waldron, Arthur, *The Great Wall of China. From History to Myth*, Cambridge: Cambridge University Press, 1990, p. 195.

赖于强迫劳动。此外，尽管建造和维护长城要付出人力和财力成本，但它只有作为更复杂的军事组织的一部分才能起到作用。任何对长城维护工作的疏忽——这是中央权力下降的征兆——都会破坏长城的功能，并导致北方草原民族侵入"中国"的心脏地带。前面提到的将中国纳入其帝国的蒙古人以及建立中国最后一个王朝——清王朝（1644—1911年）的满人就是这种情况。中国长城的内涵直到近代都是消极的，这对以下几点很重要："界限"（limit）是一个人无法超越的东西。与"界限"相反，边界（border）是人们可以超越的；它们把它们所分开的东西联系起来。① 在实践中，长城并没有阻挡来自北方的文化影响进入中国；因此，它是一个"边界"，而不是一个"界限"，就像切入中国西部边界的丝绸之路也是跨文化交流的渠道一样。关于"界限"和"（文化）边界"之间的区别，齐格蒙特·鲍曼（Zygmunt Bauman）指出，"文化"一词：

> 是在包括"耕种""畜牧""育种"等术语的概念群中构想的……农民对种子所做的一切，从幼苗到庄稼的全程悉心照料，可以而且应该通过教育和培训对处于起步阶段的人类进行。人不是天生的，而是被造出来的。他们仍然需要成为人——在成为人的过程中……他们必须受到其他人的指导，在教育和训练人的艺术方面接受教育和训练。②

---

① Chakrabarti, Arindam and Ralph Weber, "Introduction", in Arindam Chakrabarti and Ralph Weber eds., *Comparative Philosophy without Borders*, London etc.: Bloomsbury, Arindam Chakrabarti and Ralph Weber, 2016, p. 1.

② Bauman, Zygmunt, *Liquid Life*, Cambridge: Polity, 2005, 2020, pp. 52 – 53. "文化"一词从开始就脱离了行政的视角，针对这一点，西奥多·W. 阿多诺（Theodor Ludwig Wiesengrund Adorno, 1903 – 1969）评论道："文化——无论采取何种形式——都应通过非内在的规范来衡量，并且这与对象的质量无关，而是与从外部强加的某种抽象标准有关。"请参见 Adorno, Theodor Ludwig Wiesengrund (Wes Blomster trans., J. M. Bernstein ed.,), *The Culture Industry: Selected Essays on Mass Culture*, London: Routledge, 1991, p. 98。

从 19 世纪开始,"文化"一词包含有目的的活动这一点变得尤为明显,当时欧洲的经济和军事优势将欧洲民族国家带到了非洲和亚洲,并且在欧洲和中国之间划出了一条文明的"边界"。欧洲在中国的存在——"百年国耻"的开始——带来了根本性的破裂,因为伴随这种存在的经济和军事力量不允许"他者"和谐地融入"自我"。在对 19 世纪形势的分析中,史书美(Shih Shu-mei)谈到了"不对称的世界主义"(asymmetrical cosmopolitanism),即一种西方主导的世界观的表现。她将其定义如下:

> "世界主义"一词的应用,从定义上来看是不对称的,这取决于讨论主体所处的位置。当应用于第三世界知识分子时,"世界主义"意味着这些人拥有渊博的知识,这些知识主要由他们对世界(也就是西方)的理解构成,但当应用于西方大都市的知识分子时,他们则显然缺乏了解非西方的需求。[1]

西方价值观被描绘成优于世界其他地区的价值观,这是 19 世纪对世界描述方法的一个重要结果。世界上的其他地区因"低于标准"和在时空等级体系中落后而被取代。正是在这种背景下,中国开始根据欧洲的"现代性"重新定义自己的文化,而不是欧洲人和中国人在彼此中相互发现自身。对于这一点,墨子刻(Thomas A. Metzger)表示:"从这种规范的角度来看,中国近代史本质上是一个向着与中国传统越来越不连续、而越来越与西方现代性趋同的方向,艰难迈进的故事。"[2]

---

[1] Shih, Shu-mei, *The Lure of the Modern, Writing Modernism in Semicolonial China, 1917–1937*, Berkeley/Los Angeles/London: University of California Press, 2001, p. 97.

[2] Metzger, Thomas A., *The Ivory Tower and the Marble Citadel. Essays on Political Philosophy in Our Modern Era of Interacting Cultures*, Hong Kong: The Chinese University Press, 2012, p. 228.

三 "一带一路"倡议和跨文化对话

邓小平执政和推行以经济发展为目标的改革开放政策，从根本上改变了中国在国际舞台上的地位。在"百年国耻"之后，中国重新在世界上占据中心地位，这有助于解释中国与世界其他地区交往的叙事（narrative of engagement）。在这一意义上，中国 2008 年发布的《国防白皮书》宣称："中国已经成为国际体系的重要成员，中国的前途命运日益紧密地同世界的前途命运联系在一起。中国发展离不开世界，世界繁荣稳定也离不开中国。"[①]

2013 年 10 月 25 日，习近平主席在中国"周边外交工作座谈会"上的讲话中指出，中国"要着力维护周边和平稳定大局……要着力深化互利共赢格局。积极参与区域经济合作。加快基础设施互联互通，建设好丝绸之路经济带、21 世纪海上丝绸之路"。[②]

我认为，"一带一路"倡议最初是作为一个针对中国周边地区的项目提出的。在提到"21 世纪海上丝绸之路"时，习近平主席重申了他 2013 年 10 月 3 日在印度尼西亚议会的发言，这可以看作他在哈萨克斯坦演讲的后续讲话。他说："中国愿同东盟国家加强海上合作，使用好中国政府设立的中国—东盟海上合作基金，发展好海洋合作伙伴关系，共同建设 21 世纪'海上丝绸之路'。"[③]

从 2014 年开始，"一带一路"倡议的叙事开始包括亚洲其他地

[①] "White Paper on National Defense", http://www.china.org.cn/government/central_government/2009-01/20/content_17155577_2.htm.
[②] 《习近平谈治国理政》第 1 卷，外文出版社 2018 年版，第 298 页。
[③] 《习近平谈治国理政》第 1 卷，外文出版社 2018 年版，第 293 页。

区、欧洲和非洲,从 2015 年开始包括"所有国家"。① 例如,刚刚引用的《推动共建丝绸之路经济带和 21 世纪海上丝绸之路的愿景与行动》就宣称,构建陆上和海上连接的目的是:"通过跨欧亚大陆、南海、印度洋和地中海的融资和建设交通基础设施的政策,改善整个亚洲、欧洲和非洲的互联互通。"

自提出以来,"一带一路"倡议确实已发展成为一张错综复杂的联系陆上和海上通道的全球"路线图"。从中国领导人的讲话中可以看出,将中国与欧亚大陆其他地区连接起来的新陆上丝绸之路,以及将中国东南沿海城市通过越南、印度尼西亚、印度、斯里兰卡、东非、苏伊士运河与欧洲连接起来的新海上丝绸之路,"应该被视为中国实现连接亚、欧、非三大洲的雄心壮志的宏伟蓝图"。②

从国际视角来看,始于 20 世纪 70 年代末的改革开放政策带来的经济成功,加之世界上的力量平衡似乎正在转向有利于"非西方",而且世界秩序已经从两极转为多极〔或者,参考肯尼思·乔维特(Kenneth Jowitt)1992 年的著作《新世界失序》③〕,从中国与西方世界在鸦片战争中的第一次军事对抗(1839—1842 年)到 1949 年 10 月 1 日中华人民共和国成立前的阶段,似乎已经成为中国的"选择性创伤"(chosen trauma)。而与此相对应的,则是中国已经定义了它的"选择性荣耀"(chosen glory),近年来被称为"中华民族伟大复兴的中国梦"。④ 这种伟大复兴,至少在修辞上,

---

① Zeng, Jinghan, "Does Europe Matter? The Role of Europe in Chinese Narratives of 'One Belt One Road' and 'New Type of Great Power Relations'", *Journal of Common Market Studies*, Vol. 55, Iss. 5, 2017, p. 1164, pp. 1169 – 1170.

② Stahl, Anna Katharina, "China's New Silk Road Diplomacy: Implications for China's Relations with Europe and Africa", *EU-China Observer*, Iss. 1. 15, 2015, p. 17.

③ Jowitt, Kenneth, *The New World Disorder: The Leninist Extinction*, University of California Press, 1992.

④ 关于"选择性创伤"和"选择性荣耀"的概念,请参见 Vamik, Volkan, *Bloodlines: From Ethnic Pride to Ethnic Terrorism*, S. L. : Westview, 1997, pp. 4 – 10。

伴随着对儒家传统的（选择性）重估。得到重新诠释的儒家思想不仅可以赋予中国公民一种新的"意义感"，而且还可以赋予中国在国内事务和国际抱负上新的存在的理由。这也表明，中国会主动参与规范/体系塑造而非（19世纪）被动接受规范/体系。[1] 也就是说，随着中国更加自信地站上世界舞台，跨文化主义和跨文化对话范式出现新变化。

四 展望：新"摸着石头过河"

没有中国的当代世界似乎是难以想象的——欧洲需要重新定义自身及其在这个世界秩序中的作用。然而，"欧洲是什么"的问题不仅由欧洲本身决定，而且还取决于其他全球力量和决定因素。拉尔夫·韦伯（Ralph Weber）在谈到世界秩序的变化时说："从某种意义上说，尽管在整个大发现和殖民主义时代，欧洲的他者（the other of Europe）一直是欧洲人和非欧洲人的永恒话题，但欧洲很少被塑造成他者本身，不是对自己，而是对他人；欧洲作为他者中的他者（Europe as the other of its others）。"[2]

在这一背景下，孔子在中国当代政治修辞中的回归，将"中国价值观"投射到整个世界，表明了一种更深刻的态度，即不再像19世纪末以来那样用欧洲术语重新定义中国传统，而是以中国的

---

[1] Zeng, Jinghan, "Does Europe Matter? The Role of Europe in Chinese Narratives of 'One Belt One Road' and 'New Type of Great Power Relations'", *Journal of Common Market Studies*, Vol. 55, Iss. 5, 2017, p. 1162.

[2] Weber, Ralph, *All about Fiction: European Global Studies, Chinese Studies and Sinology*, Basel Papers on Europe in a Global Perspective, University of Basel Institute for European Global Studies, No. 111, 2016, p. 6.

术语重新诠释欧洲传统。[1]

对于欧洲和中国来说，需要注意的是，20世纪末和21世纪的全球化并不排除这一点，即全人类没有单一的、普遍的背景。与全球化加剧的程度相同，对生活条件特殊性的承认以及对存在两种认识事物的方式（即普遍的和情境的）的认识也在加强。或者引用卢登（Ludden）使用的一个例子："经济学可能是普适的，但经济不是。"[2] 沃尔夫·舍费尔（Wolf Schäfer）将这一点表述如下："地方主义无视全球背景，只关注地方现象，而全球主义无法认识地方背景，例如人们的语言、生活世界（life-worlds）和文化。"[3]

这一观察结果也与我之前对"边界"和"界限"的区别有关，因为"人类是流动的生物，具有动态和可渗透的边界，与环境和他人的可渗透性交织在一起，因此总是不断变化"。[4]

古斯塔夫·盖拉茨（Gustaaf Geeraerts）着眼于中欧关系，区分了两种基本逻辑：基于权力的逻辑和基于变革的逻辑。他指出：

> 基于权力的逻辑是以这样一种信念为前提的，即由于无政府状态，强权政治和利益冲突无法完全克服。按照这种观点，

---

[1] 1989年10月5日孔子诞辰2540周年之际，时任中华人民共和国国务院常委、孔子基金会名誉会长谷牧发表讲话，就已经预见到了这一点。他强调正确对待民族传统文化的重要性，强调在中国传统与西方思想的融合中，中国传统应当优于西方思想。参见 Zhang, Tong and Barry Schwartz, "Confucius and the Cultural Revolution: A Study in Collective Memory", in Jeffrey K. Olick ed., *States of Memory. Continuities, Conflicts, and Transformations in National Retrospection*, Durham: Duke University Press, 2003, p. 118。

[2] Ludden, David, *Why Area Studies?* University of Pennsylvania, Feb. 1, 1999, https://www.sas.upenn.edu/~dludden/whyarea.htm.

[3] Schäfer, Wolf, "Reconfiguring Area Studies for the Global Age", *Globality Studies Journal. Global History, Society, Civilization* 22, 2010, http://citeseerx.ist.psu.edu/viewdoc/download?doi=10.1.1.691.9540&rep=rep1&type=pdf.

[4] Palsson, Gisli, "Ensembles of Biosocial Relations", in Tim Ingold and Gisli Palsson eds., *Biosocial Becomings: Integrating Social and Biological Anthropology*, Cambridge: Cambridge University Press, 2013, pp. 39–41.

欧盟与中国之间的交往将体现出双方的相对实力地位，表现出对相对收益的担忧，增加了双方合作的难度。相比之下，基于变革的逻辑反映了更自由/建构主义的观点。它表明规则和共享规范可以通过建立信任和互惠社会化（reciprocal socialization）来大幅减少利益冲突并减轻对相对收益的担忧，从而使欧盟和中国之间的持久合作更有可能。①

在任何特定时刻，所有关系都存在于从一个极端的纯粹合作到另一个极端的无节制竞争的范围内。中西方之间在规范、社会愿景、国际参与模式和构建这个新兴的世界方面可能存在根深蒂固的概念差异，②但归根结底，不同的文化传统在一个复杂的国际体系中必须相互适应，而在这个体系中，"单极时刻肯定会逐渐消失，并慢慢让位于以多层次和文化多元化极性（culturally diversified polarity）为特征的国际体系"。③鉴于欧洲的经济和金融危机已导致许多欧洲国家将增长和发展重新置于议程的首位，因此欧洲经济"变得更加现代，更不后现代，且更像是世界其他国家"——这种情况通过新冠疫情而进一步加强——同时，"中国正在超越发展主义，不再强调增长，而更多地关注生活质量问题"。这两种发展模式越来越走向趋同应该是有可能的。④

西方提出的问题是，中国未来作为"负责任的利益攸关方"的

---

① Geeraerts, Gustaaf, "The EU-China Partnership: Balancing between Divergence and Convergence", *Asia Europe Journal*, Vol. 17, Iss. 3, 2019, p. 281.
② Geeraerts, Gustaaf, "The EU-China Partnership: Balancing between Divergence and Convergence", pp. 281–282.
③ Geeraerts, Gustaaf, "China, the EU, and the New Multipolarity", *European Review*, Vol. 19, No. 1, 2011, p. 57.
④ Chen Zhimin, "China, the European Union and the Fragile World Order", *Journal of Common Market Studies*, Vol. 54, Iss. 4, 2016, p. 789.

角色可能是什么——这个问题也是《欧盟—中国：战略展望》文件①的基础，其中将中国同时定义为合作伙伴、竞争者和制度性竞争对手。该问题也是中国立场的基础，即：中国对其作为一个被模仿对象持开放态度，但不是作为一个普遍的模式来模仿，而是着眼于特定的历史环境，对前进的道路持开放的观点。这一问题也将新"摸着石头过河"这一加诸欧洲人和中国人身上的理念具体化了。②

五 结论

纵观其历史，欧洲和中国已经发展成为文化日益多元的实体，在其中实现了和谐的共同生活。正是在这一背景下，丝绸之路在欧洲和中国人民的脑海中唤起了经济和文化交流的记忆。

当今时代，人类的未来只有在相互理解和合作的背景下才能得到保障，这一点正变得越来越明显。在科技创新导致跨文化对话的可能性日益增加的背景下，"一带一路"倡议——最初是为中国周边国家提出的发展倡议，但逐渐发展成为全球交通和通信的网络——也增加了跨文化对话的可能性和机会。与过去一样，祖国的修辞（homeland rhetorics）有时可能表明对特定国家裹足不前的担忧，这样就错失了挖掘跨文化对话的机会，然而，就像丝绸之路的例子一样，"一带一路"倡议的部署将改变现实，并将越来越多地增加跨文化理解的必要性。正是在"摸着石头过河"的过程中，这种跨文化对话才会走向成熟。

---

① European Commission and High Representative of the Union for Foreign Affairs and Security Policy, Joint Communication to the European Parliament, the European Council and the Council: EU-China Strategic Outlook, 12 March 2019, https：//ec. europa. eu/info/sites/default/files/communication-eu-china-a-strategic-outlook. pdf.

② "摸着石头过河"是当代政治中的一个流行说法，其流行主要归功于邓小平。

"丝路精神" 与中欧文明伙伴关系

田德文[*]

摘要： 世界进入全球化时代后，以排他性、对抗性和强权政治为特征的西方国际关系模式占据主导地位，各种形式的国家间冲突使人类付出惨痛代价。在国际关系理念层面，以"丝路精神"为表征的国际关系理念提供了超越"冷战思维"的另外一种可能性。本文认为，以"和平合作、开放包容、互学互鉴、互利共赢"为特征的"丝路精神"应该是未来国际关系的发展方向。国际关系模式转型需要经历漫长的历史过程，注定充满波折。但是，人类社会总会朝着正确的方向发展。本文将从这个理论视角对"中欧文明伙伴关系"进行个案研究。2014 年，习近平主席访欧期间提出中欧构建"文明伙伴关系"的倡议。在西方强权政治语境下，国外学术界对此应者寥寥。在单边主义上升、经济全球化退潮、世界经济衰弱的背景下，近年来中欧关系面临不少新挑战。俄乌冲突发生后，中欧关系的不确定性进一步增强。但是正因如此，中欧双方以"丝

---

[*] 现任中国社会科学院俄罗斯东欧中亚研究所副所长，中国—中东欧国家智库交流与合作网络副理事长，曾任中国社会科学院—拉斯卡瑞德斯基金会"希腊中国研究中心"主任。

路精神"引领文明间的对话与合作才具有特别的重要性，不仅有助于充实、提升"中欧全面战略伙伴关系"，而且有可能建构国际关系转型的一个成功范例。

关键词：国际关系模式转型、国际关系理念、丝路精神、中欧关系、中欧文明伙伴关系

"西方国际关系模式"指的是15世纪晚期"地理大发现"后形成的，以对抗性、排他性和强权政治为主要特征的国际关系模式。这种模式能够主导国际关系五百多年，原因一是全球化的资本逻辑使然，二是国际力量对比的结果，三是欧洲传统文化和价值观念影响。这种以冲突为特征的国际关系模式使人类付出惨痛的代价，在核武器足以毁灭地球、世界多极化成为趋势、全球化新文明已现雏形的背景下，"西方国际关系模式"的主导性已经动摇。以合作为特征，更有利于世界和平与发展的新型国际关系模式终将取而代之。但是，国际关系模式转型的过程注定将充满波折，新旧两种理念将长期共存，相互之间不断碰撞、磨合，最终形成有利于人类根本利益的新型国际关系模式。

一 国际关系的另一种可能性

我们所熟知的当代国际关系模式成形于全球化进程启动之后，欧洲殖民者是其始作俑者。回顾历史不难发现，全球化进程始终是在血与火的洗礼中推进的。当然，1492年哥伦布"发现新大陆"之前，世界并非一曲和平的牧歌。但是，从杀戮的数量、掠夺的范围和战争的规模来看，毕竟不能与西方主导的全球化时代相提并论。按照马克思主义的观点，形成这种变化的根本原因是国际关系从封建主义模式转换为资本主义模式，全球化"用一种没有良心的

贸易自由代替了无数特许的和自力挣得的自由。总而言之，它用公开的、无耻的、直接的、露骨的剥削代替了由宗教幻想和政治幻想掩盖着的剥削"，借此"完成了完全不同于民族大迁徙和十字军征讨的远征"。①

在全球扩张的过程中，来自欧洲的"文明贩子们""把炽热的炮弹射向毫无防御的城市、杀人又强奸妇女"②，经过几百年血与火的洗礼形成了当今世界。但是，如黑格尔所言，"存在的即是合理的"。以排他性、对抗性和强权政治为特征的"西方国际关系模式"能够主导世界，主要原因是西方长期主导全球化进程，掌握着绝对的经济、军事、政治优势，"顺之者昌、逆之者亡"。但是，随着越来越多的国家进入全球化进程，西方国家的绝对优势已经衰减为相对优势，而这将给更新国际关系模式创造条件。第一，资本逻辑主导下的全球化使得"西方国际关系模式"具有非比寻常的对抗性，当今世界上核武器的存量与增量给国家间对抗设定了根本的限制，使得国家间合作的可能性大幅度提高。第二，"西方国际关系模式"存在的前提是"列强"可以主导乃至称霸世界，其他国家不得不在依附与毁灭之间进行选择。在世界多极化成为趋势的当代世界，获取、维护和行使国际霸权的成本日益增高，收益日益降低，越来越得不偿失。第三，"西方国际关系模式"在文化上植根于欧洲二元对立世界观和对抗性国际关系传统的基础上。经过经济全球化五百多年的发展，全球化的新文明已经出现雏形，欧洲文化主导世界的时代已经走向终结。

世界进入全球化时代后，国家间冲突使人类付出惨痛代价，日

---

① 马克思、恩格斯：《共产党宣言》，《马克思恩格斯选集》第一卷，人民出版社2012年版，第403页。
② 马克思、恩格斯：《波斯与中国》，《马克思恩格斯选集》第一卷，人民出版社2012年版，第798页。

益难以为继。在这方面,以"丝路精神"为表征的新型国际关系理念有可能超越以"冷战思维"为表征的西方国际关系理念,为国际关系模式提供另外一种可能性。

"丝路精神"的内涵是倡议国家间建立以"和平合作、开放包容、互学互鉴、互利共赢"为特征的新型国际关系模式,是对连通亚欧大陆的古代丝绸之路的精神提炼。有国外学者认为,古代丝绸之路实际上是"第一波全球化浪潮","它连接着东西方市场,催生了巨大的财富,并融合了文化和宗教传统。珍贵的中国丝绸、香料、玉石和其他商品向西移动,而中国则收到了黄金和其他贵金属、象牙和玻璃制品。这条路线的使用在第一个千年达到顶峰,先是古罗马帝国,然后是拜占庭帝国,以及中国的唐朝"。[①] 毋庸讳言,"丝路精神"的形成与中国古代的国际关系模式有直接关系,但唯有最终成为沿线所有参与国家的共识,才能确保丝绸之路延续千年。因此,以"丝路精神"为特征的"新型国际关系"应该是一种基于共识的国际关系模式。

在这方面,国外学术界存在三种误解。一是中国试图以倡导"丝路精神"确立主导国际话语权,进而发挥更大的国际影响力。有学者认为,关于国际关系理念的"丝路精神(SRS)话语将中国所信奉的价值观的独特性定位在古丝绸之路沿线发展中国家的共同遗产和经验上。这样一来,中国就把一个由发展中的邻国组成的内群体与一个由过时的做法和规范组成的外群体相提并论"。[②] 二是倡导"丝路精神"的目的是要将源于欧洲的"政治化国际关系理念"转化为"经济化国际关系理念"。中国"在这种古老的'丝路精

[①] Andrew Chatzky and James McBride, "China's Massive Belt and Road Initiative", https://www.cfr.org/backgrounder/chinas-massive-belt-and-road-initiative.

[②] Enrico V. Gloria, "The Silk Road Spirit: China's BRI Discourse and Its Pursuit for Great Power Status", *Asian Politics & Policy*, Vol. 13, Iss. 4, 2021, pp. 493–510.

神'中,力图重新创造超越价值观的贸易——而不是政治——推动了相互联系和文明进步"的理念。① 三是中国倡导"丝路精神"的目的是要实现自己的战略目标。"通过不断回溯东西方交流的历史,中国媒体似乎有兴趣传播一种特殊的全球化叙事,中国在其中扮演着核心而且表面上是良性的角色。"② 形成这些误解的主要原因是这些学者在思想上仍未摆脱西方国际关系模式的限制,没有看到以国际合作代替国际冲突是全球化发展的必然需要,是符合世界和平与发展的大势所趋。中国政府反复承诺要超越"国强必霸"的传统逻辑,努力在国际上发挥负责任大国的作用。但是,这种态度要被陷于"冷战思维"的人们所普遍接受恐怕还有待时日。

从理论上消除人们对于中国倡导"丝路精神"的质疑需要漫长的历史过程,需要时代发展、文明交流和认同建构三个过程的同步推进和相互作用才能逐渐完成。从这种意义上说,消除人们对中国倡导"丝路精神"的质疑,也就是实现从西方国际关系理念向新型国际关系理念转型的过程。

时代发展不断证明,对每个国家来说,对外开放都是发展的必要条件,而相互对抗则会极大地增加国家间交往的成本。经过多层博弈,世界各国会达成新的共识,这就是合作可以双赢,而对抗势必双输,进而逐渐趋于以越来越多的相互合作取代相互对抗。有学者发现,由于"十字军东征"和蒙古人横扫亚欧大陆截断古代丝绸之路,造成古代国际贸易严重萎缩,这使得长期处于亚欧贸易中心地位的中亚陷入历史性的衰落,以至于"如今中亚各国在经济上相

---

① Alek Chance, "The Belt and Road Initiative and the Future of Globalization: Xi Jinping's Signature Policy is about More than Just Infrastructure", October 31, 2017, https://thediplomat.com/2017/10/the-belt-and-road-initiative-and-the-future-of-globalization/.

② Alek Chance, "The Belt and Road Initiative and the Future of Globalization: Xi Jinping's Signature Policy is about More than Just Infrastructure", October 31, 2017, https://thediplomat.com/2017/10/the-belt-and-road-initiative-and-the-future-of-globalization/.

互孤立，区域内贸易仅占所有跨境贸易的 6.2%。它们还严重依赖俄罗斯，尤其是在汇款方面——它们占吉尔吉斯斯坦和塔吉克斯坦国内生产总值（GDP）的三分之一。到 2018 年，由于俄罗斯的经济困境，汇款已从 2013 年的高位回落"。[1]

那么，美西方国家是否可能把某些国家长期孤立于世界体系之外，或者干脆"踢出"全球化进程呢？目前正在进行的俄乌冲突说明，至少对大国而言，这不仅是做不到的，而且会产生严重双输的后果。美国胁迫北约欧洲盟友全面切断与俄罗斯的经济联系，由于欧洲主要国家对俄罗斯存在"能源依赖"，目前正处于美国胁迫和俄罗斯反制的双重压力之下。对德国、法国和意大利而言，短时间内实现与俄罗斯的"经济脱钩"不仅将付出巨大的代价，而且长期而言也不具有可行性。可以明确预见，无论冲突的走势如何，乌克兰、俄罗斯和欧洲都将付出巨大的成本。同时，俄乌冲突将对艰难复苏的世界经济产生严重影响，包括美国在内，没有国家可以从这场灾难中长期获益。

二　中欧文明伙伴关系

2014 年习近平主席访欧期间提出中欧应构建和平、增长、改革和文明四大伙伴关系，以此全面充实"中欧全面战略伙伴关系"。在单边主义抬头、经济全球化退潮、世界经济低迷的背景下，近年来中欧关系出现不少新挑战。在应对这些挑战的过程中，中欧之间秉持"丝路精神"，积极开展文明间的对话与合作，不仅有助于实现合作双赢的目标，而且可能为多极化世界中的文明和谐共存建构

---

[1] Andrew Chatzky and James McBride, "China's Massive Belt and Road Initiative", https://www.cfr.org/backgrounder/chinas-massive-belt-and-road-initiative.

一个成功的范例。

习近平主席提出构建"中欧文明伙伴关系"倡议的理论基础是其文明观,制度基础是"中欧人文交流机制"。2014年3月27日,习近平主席在巴黎联合国教科文组织总部发表演讲,强调"文明因交流而多彩,文明因互鉴而丰富。文明交流互鉴,是推动人类文明进步和世界和平发展的重要动力"。习近平主席呼吁,"我们应该推动不同文明相互尊重、和谐共处,……携手解决人类面临的各种挑战"。[1]

中欧关系具有文明属性和历史纵深,具备构建以文明交流互鉴为主要内涵的"中欧文明伙伴关系"的政策基础。事实上,在此之前中欧之间已经建立多层次的文化交流体系,涵盖了中国与欧洲国家、双方地方政府以及中国和欧盟在内的所有层面。《里斯本条约》生效后,欧盟正式获得推进对外文化交往的权能,随即执行多项大型人文交流活动。2010年10月6—7日,作为第十三届中欧峰会组成部分,第一届"中欧文化高峰论坛"在布鲁塞尔召开,时任中国政府总理温家宝和欧盟委员会主席巴罗佐出席开幕式,标志着中国和欧盟正式建立文化交流体系。作为充实"中欧战略伙伴关系"的重要举措,2011年5月,中欧双方决定继"中欧高级别经贸对话机制"和"中欧高级别战略对话机制"之后建立"中欧高级别人文交流对话机制(HPPD)",为中欧关系发展建立了"第三支柱",其内涵包括通过平等对话交流增进相互了解,加强文化、艺术、媒体、旅游等领域的交流与合作,不断扩大互派留学生的规模,共同支持中欧关系研究工作等。2020年11月,在新冠疫情肆虐的背景下,第五次中欧高级别人文交流对话机制以视频连线方式召开,中国国务院副总理孙春兰和欧盟委员会创新、研究、文化、教育和青年委员

---

[1] 习近平:《在联合国教科文组织总部的演讲》,《光明日报》2014年3月28日。

加布里埃尔出席，双方都对中欧人文交流的成果表示肯定。

"中欧文明伙伴关系"不仅是新时代中欧关系的重要组成部分，也是新时代中国外交具有示范意义的重要国际合作项目。2013年9月和10月，习近平主席先后提出建设"丝绸之路经济带"和"21世纪海上丝绸之路"的合作倡议。依靠中国与有关国家既有的双多边机制，借助行之有效的区域合作平台，"一带一路"旨在借用古代丝绸之路的历史符号，高举和平发展的旗帜，积极发展与共建国家共同打造政治互信、经济融合、文化包容的利益共同体、命运共同体和责任共同体。把"中欧文明伙伴关系"放置到"一带一路"倡议框架中进行思考，有助于我们深化对它的认识与理解。

第一，文明交流互鉴是构建新型国际关系的重要组成部分。"一带一路"是一种基于历史和文化的国际合作倡议，在叙事、活动和阐释三个层面，中国都高度重视"一带一路"倡议中文明交流互鉴的重要性。有国外学者发现，在阐释"一带一路"倡议时，中国"政府网站和官方媒体不断将'一带一路'描绘成一种积极的跨文化交流，回溯伟大文明和宗教通过丝绸之路分享智慧的时代。2014年，中国成功与哈萨克斯坦、吉尔吉斯斯坦共同提交将丝绸之路列入联合国教科文组织世界遗产名录的申请。中国还举办了丝绸之路国际电影节，致力于促进'相互了解'，举办许多以'丝绸之路：互学互鉴'为主题的艺术展览"。[①] 不仅如此，中国"围绕'一带一路'的官方言论从一开始就将几个相关主题与'丝路精神'概念联系在一起"。[②]

[①] Alek Chance, "The Belt and Road Initiative and the Future of Globalization: Xi Jinping's Signature Policy is about More than Just Infrastructure", October 31, 2017, https://thediplomat.com/2017/10/the-belt-and-road-initiative-and-the-future-of-globalization/.

[②] Alek Chance, "The Belt and Road Initiative and the Future of Globalization: Xi Jinping's Signature Policy is about More than Just Infrastructure", October 31, 2017, https://thediplomat.com/2017/10/the-belt-and-road-initiative-and-the-future-of-globalization/.

第二，文明交流互鉴是促进中欧合作发展的重要思想基础。有国外学者认为，当代中欧关系可以被视为两个古老文明之间互动链条的组成部分，在欧洲现代国家体系形成之前，古代丝绸之路已经把位于亚欧大陆两端的中国和欧洲联系起来。近代以来，欧洲列强对中国进行了长期的侵略和殖民。直到20世纪70年代，中欧关系才经由正常化走向全面发展。也就是说，漫长历史中的中欧关系在文明层面上经历了合作—对抗—合作的"正反合"过程。因此，在中欧关系未来发展中，保持在文明层面的交流互鉴是维护双方以合作为主旋律的良性互动所必需的。"今天的欧盟，在内部协调成员国之间的政策，在外部协调对外国伙伴的政策方面有许多尝试，可以被概念化为一个'文明的实践共同体'，甚至是一种'规范的力量'，自认为在国际政治中树立了一个规范的范例。"[1] 在此背景下，建构中欧文明伙伴关系就显得尤其重要，可能成为以文明交流互鉴超越"文明冲突"的成功范例。

第三，文明交流互鉴有助于消除国际社会对中国崛起的负面预期。在西方国际关系模式中，"国强必霸"为势所必然，让国际社会理解并接受以和平与合作为特征的中华民族伟大复兴绝非易事。即使是对"一带一路"倡议，部分国家的质疑之声也从未停止。实际上，这些疑虑是缺乏根据的。恰恰相反，"一带一路"倡议可以给所有致力于和平与发展的国际行为体提供新的合作平台。美国战略与国际研究中心的乔纳森·希尔曼（Jonathan E. Hillman）认为，美国完全可以利用"一带一路"项目让中国为同样符合美国利益的

---

[1] Wong Reuben, "The Issue of Identity in the EU-China Relationship", *Politique Européenne*, 2013/1 (n°39), pp. 158–185, https://www.cairn.info/revue-politique-europeenne-2013-1-page-158.htm.

中亚基础设施项目"埋单"。① 其实，只要是互利双赢的平等合作就无所谓谁来"埋单"，这位学者能够认识到"一带一路"未必完全不符合美国的国家利益，应该说还是比较理性务实的。

近年来，中欧关系出现了一些负面事态，欧洲反华势力有所抬头。有国外学者认为，"到 2019 年，中国在金融危机后十年的发展轨迹破坏了欧盟政策的一个关键假设——尽管存在深刻的政治和价值观差异，但与中国的接触是合理的，因为最终欧盟拥有了积极改变中国的机会。……欧盟别无选择，只能更明确地承认，它与中国的关系曾经背离了高尚的理想主义，在本质上其实是为追求自身的利益"。② 这种看法在欧洲反思对华关系方面具有一定的代表性，其在文明层面的"底层逻辑"是西方国家"顺我者昌、逆我者亡"的傲慢与偏见，而这也正是影响中欧关系发展的思想根源。

在中欧文明伙伴关系视角下，无论是"说服"还是"压服"对方改变思维逻辑和行为方式都是不正确的，但是文明交流互鉴有助于增强双方之间的包容、理解与合作。事实上，负面事态并非近年中欧关系发展的"主旋律"。新冠疫情背景下，不仅中欧经贸合作仍在继续发展，而且中欧在抗击疫情的医疗卫生合作方面也保持了紧密联系。2020 年年初，在中国抗击疫情最困难的时刻，欧洲多国向中国捐赠抗疫物资，欧洲民间也通过音乐会、义卖募捐等形式为中国提供宝贵支持：奥地利 2020 春之声新年音乐会在演出时发起为中国募捐活动；希腊人民手持红灯笼在雅典卫城山脚下声援中国人民……疫情在欧洲迅速蔓延后，中国也筹集大量物资驰援欧洲

---

① Andrew Chatzky and James McBride, "China's Massive Belt and Road Initiative", https://www.cfr.org/backgrounder/chinas-massive-belt-and-road-initiative.

② Timm Beichelt, "Die Politik der Östlichen Partnerschaft-inkompatible Grundannahmen und antagonistische Herausforderung", https://theasanforum.org/the-eu-and-china-in-2021-separate-discourses-similar-or-different-aims/.

各国，分享抗疫经验：在意大利全国实施"封城"两天内，中国医疗专家组飞抵罗马，成为第一批深入意大利疫区的国际援助者；2020年3月，来自中国的30万只口罩成为比利时得到的第一批大规模外来援助……当空运、海运受疫情严重影响几近停摆时，"新丝路"上的现代驼队——中欧班列有力支援了沿线各国的抗疫工作。

三 以"丝路精神"超越"冷战思维"

在新时代中国外交框架中，"一带一路"倡议的精神内涵即"丝路精神"是中国倡导构建"新型国际关系""新型大国关系"和"人类命运共同体"等话语的精神核心。展望未来，人类将长期处于以"新型国际关系模式"超越"西方国际关系模式"的过程中。在精神层面上，这将是一个以"丝路精神"超越"冷战思维"的过程，将充满斗争和动荡，但是时代发展的大趋势则不可阻挡。中欧文明伙伴关系是中国和欧洲以合作超越对抗、以包容超越排斥、以平等协商超越强权政治的重要尝试，在这个历史性变化过程中具有积极的示范意义。

2017年5月14日，习近平主席在首届"一带一路"国际合作高峰论坛开幕式上的讲话中指出，古丝绸之路绵亘万里，延续千年，积淀了以和平合作、开放包容、互学互鉴、互利共赢为核心的丝路精神。[①] 有学者认为，"丝路精神"与"一带一路"倡议一样，标志着中国正在努力构建一个相对于其他大国而言的独特形象，它不仅是一种良性的价值观，也是中国积极培育的话语，通过讲述自己在历史上是独特的和平大国的故事

---

① 《习近平谈治国理政》第2卷，外文出版社2017年版，第506页。

来积极地区别自己。①不过,"丝路精神"绝非中国独有。"一带一路"倡议把中国与"亚洲、欧洲和非洲大陆"的潜在伙伴联结起来,这一伟大倡议的灵感来源正是植根于古代丝绸之路的共同遗产。"正如中国共产党官方所描述的那样,丝路精神'代表了欧亚大陆各国在历史进程中通过互动所积累的经验和智慧的总和'。"②从这个角度说,建构"中欧文明伙伴关系"正是这样一个积极的互动过程,通过长期交流逐步实现以"丝路精神"超越"冷战思维"的目的。

第一,以"丝路精神"超越"冷战思维"是一个不可阻挡的历史过程。在全球化、多极化的当今世界上,和平与发展是各国人民的共同意愿,因此"丝路精神"代表着处理国际关系的人类共有价值。有学者认为,"在中国看来,'一带一路'倡议所体现的丝路精神使该项目有别于历史上其他类似的制度创新……可以说中国在话语上利用和平、友谊(合作)、开放、包容、相互学习和互利(双赢)的'丝路精神'价值观来展示自己在道义上的正确形象。更具体地说,中国认为这些价值观是对当今国际关系中那些过时的规范和价值观的最佳替代"。③"丝路精神"是新时代中国外交的精神底色,中国承诺在国际舞台上将始终高举和平、发展、合作、共赢的旗帜,恪守维护世界和平、促进共同发展的外交政策宗旨,坚定不移地在和平共处五项原则基础上发展同各国的友好合作,推动建设相互尊重、公平正义、合作共赢的新型国际关系,这种立场体现了中国坚定的战略自信。

---

① Enrico V. Gloria, "The Silk Road Spirit: China's BRI Discourse and Its Pursuit for Great Power Status", *Asian Politics & Policy*, Vol. 13, Iss. 4, 2021, pp. 493-510.

② Enrico V. Gloria, "The Silk Road Spirit: China's BRI Discourse and Its Pursuit for Great Power Status", *Asian Politics & Policy*, Vol. 13, Iss. 4, 2021, pp. 493-510.

③ Enrico V. Gloria, "The Silk Road Spirit: China's BRI Discourse and Its Pursuit for Great Power Status", *Asian Politics & Policy*, Vol. 13, Iss. 4, 2021, pp. 493-510.

第二，以"丝路精神"超越"冷战思维"将是一个不断消除误解的过程。到目前为止，国外舆论经常把"一带一路"解释为中国的"大战略"。不仅如此，近年来国外舆论中对于中国"一带一路"倡议的评论中还出现了一些负面观点，其共性是带着"冷战思维"的有色眼镜看待"一带一路"倡议，在新冠疫情对"一带一路"项目造成消极影响的背景下，类似的负面观点难免有所抬头。要消除这些误解，不仅要靠以事实为依据的反驳，更要靠"一带一路"框架下的国际合作不断取得成功才能做到。因此，未来很长时间内，"一带一路"都将在不断的质疑中推进，对此应有充分的战略耐心。

第三，以"丝路精神"超越"冷战思维"将是一个不懈斗争的过程。有国外学者认为，中国倡导的"丝路精神""构成对被视为霸权或单极美国领导的秩序的含蓄批评，在这种秩序中（至少是政权类型的）多样性、互利、双赢合作和其他主权原则不受尊重，平等并没有真正被接受。换句话说，围绕'一带一路'倡议的言论可靠地击中了中国对国际秩序未来的世界'多元主义'而非'自由主义'愿景的所有音符"。[①] 在"冷战思维"和强权政治逻辑仍然广泛存在的当今世界上，这个过程中将难以避免地不断"试错"，在对抗、排斥和强权政治中酿成"双输"结果，使所有利益攸关方都付出代价，最终使国际行为者为自己的利益而采取合作与包容的国际战略。在这个斗争的过程中，坚守"丝路精神"对任何国家来说都需要巨大的战略自信和战略定力，对出现波折乃至挫折应该具有足够的战略预期。

[①] Alek Chance, "The Belt and Road Initiative and the Future of Globalization: Xi Jinping's Signature Policy is about More than Just Infrastructure", October 31, 2017, https://thediplomat.com/2017/10/the-belt-and-road-initiative-and-the-future-of-globalization/.

在这个漫长的历史过程中,中欧文明伙伴关系可能成为构建新型国际关系的一个成功范例。这当然不是说中欧关系发展从此将一帆风顺。俄乌冲突背景下,欧洲国家对外政策对美国的依附性增强,中欧关系出现波折的可能性提高。新冠疫情持续肆虐,给中欧文明交流互鉴制造了很大困难。但是,只要中欧双方秉持相向而行的战略自信、战略耐心和战略预期,这些困难就都是可以克服的,中欧文明伙伴关系的前景就依然可期。

丝绸之路上的"儿童空间"：
从塞浦路斯出土猪形拨浪鼓谈起

万 明[*]

摘要：通过对英国大英博物馆、美国大都会博物馆等博物馆所收藏的，塞浦路斯出土公元前300—前100年的古希腊文明猪形陶俑拨浪鼓的解析，寻访跨越两千年，乃至更遥远的古代，从地中海到中国乃至远东西伯利亚的儿童玩具"拨浪鼓"的形象演变和特征。追溯包含多重意蕴的丝绸之路上的"儿童空间"，认识人类文明发展的交流互鉴，与人类命运共同体构建出来的世界。

关键词：塞浦路斯、猪形陶俑、拨浪鼓、丝绸之路、儿童玩具

塞浦路斯（The Republic of Cyprus）是位于欧洲与亚洲交界处的一个岛国，处于地中海东部东西方文明的交汇处，自古以来就是连接中东、非洲和欧洲的交通要道。它在地理位置上属于亚洲，但是在文化上又是欧洲的一部分，被视为地中海的"钥匙"；是古希

---

[*] 中国社会科学院古代史研究所研究员、中国社会科学院"登峰战略"资深学科带头人，兼任中国中外关系史学会荣誉会长。

腊文明之乡，也是著名的东西方海上文明转换的门户。莎士比亚《奥赛罗》第二幕第一场的地点，就设在塞浦路斯海口市镇码头附近的广场。那个海港即塞浦路斯始建于公元前3世纪的著名的法马古斯塔。[①]得天独厚的地理位置，决定了塞浦路斯在世界历史上所起的重要作用；历史悠久的多样文化，在塞浦路斯留下了丰厚的遗产。儿童是人类的希望，但是迄今鲜见探讨丝绸之路相关的儿童问题，在这里，笔者有意打破这一沉寂局面，尝试揭开面纱之一角，关注在古代地域上并不比邻的中国与塞浦路斯，如何在文化上关联互鉴；儿童在古代丝绸之路东西方文明互鉴中，获得怎样的成长。中塞两国共有的儿童玩具拨浪鼓，使我们触摸到远古厚重的历史，揭示了古代世界儿童培养发展延绵不断的历史进程。从拨浪鼓出发，考察中国与塞浦路斯文化的共性与特性，也有益于对人类命运共同体多元文化共性与特性的认识。

一 塞浦路斯猪形陶俑：博物馆里的古代拨浪鼓

在西方，拨浪鼓称为"Rattle"。大英博物馆希腊罗马部收藏有一只猪形陶俑拨浪鼓，来自公元前3世纪至公元前2世纪的塞浦路斯。[②]

关于大英博物馆的猪形拨浪鼓，在2018年BBC节目《世界历史：塞浦路斯儿童的拨浪鼓》播出[③]：在公元前1000年，古希腊有一种儿童猪形拨浪鼓，与今天的儿童玩具拨浪鼓相似，是用陶土和

[①] [英]莎士比亚：《奥赛罗》，朱生豪译，中译出版社2017年版，第63页。

[②] The British Museum, "Rattle in the Form of a Pig, Cyprus 3rd C BC – 2nd BC", https://www.bmimages.com/preview.asp?image=00342998001.

[③] BBC, "A History of the World: Cypriot Child's Rattle", https://www.bbc.co.uk/ahistoryoftheworld/objects/2qdi5f-HS2GyYiudDrDmvA.

小珠子制成的，摇动可以发出声音，为古幼儿提供了娱乐。在 BBC 广播中，我们注意到拨浪鼓在古希腊出现的时间更早，而塞浦路斯的猪形拨浪鼓是古希腊文化的延伸。

可爱的儿童摇铃形陶猪拨浪鼓，是在塞浦路斯儿童墓葬出土的。展出的一只展品介绍中这样说："这只小猪向我们展示了几千年来孩子们和他们的玩具都没有发生根本性的变化。这只猪形的拨浪鼓，它背上粗糙的毛脊表明它比今天的猪更接近野猪。"接着叙述了这样一个故事：在 1878 年，这只小猪被赠送给了一位利物浦的船主詹姆斯·毕比，当时他正驾着他的"海伦"号游艇在地中海巡游。在塞浦路斯法马古斯塔，一艘燃烧的船只在岛上引起恐慌，"海伦"号的到来帮助平息了骚乱。于是为了表示感谢，那里的人们赠送了这一收藏品；它来自考古学家塞斯诺拉（Cesnola）的收藏。[1]

公元前 6000 年前，希腊爱琴地区已进入新石器时代，希腊本土和爱琴海的许多岛屿上的人开始农耕，并驯养了猪和羊。猪是农耕社会的产物，家猪是由生活在森林草莽的野猪驯化而来，在这只拨浪鼓上特别呈现出了野猪到家猪的变化。

据说在塞浦路斯萨拉米斯（Salamis）发现的拨浪鼓，是在儿童墓葬中发现的，[2] 为该物品与儿童娱乐的某种联系提供了支持。

在美国大都会博物馆，也有一只可爱的小猪静静地趴在那里，它也来自塞浦路斯。展品说明是塞浦路斯公元前 3 世纪至公元前 2 世纪的猪形陶土拨浪鼓。细节介绍说：塞浦路斯猪形陶土拨浪鼓，时间是希腊化时期，大都会博物馆于 1874—1876 年购入，来自塞

---

[1] 威廉森艺术画廊展出有 3000 年历史的塞浦路斯儿童的拨浪鼓，http://www.bbc.co.uk/ahistoryoftheworld/objects/2qdi5f-HS2GyYiudDrDmvA。

[2] Lund J., *A Study of the Circulation of Ceramics in Cyprus from the 3rd Century BC to the 3rd Century AD*, Gösta Enbom Monographs 5, Arrhus. 2015, pp. 147-149.

斯诺拉收藏。①

我们发现，无论是大英博物馆的小猪拨浪鼓，还是美国大都会博物馆的小猪拨浪鼓，都来自塞浦路斯，并都与塞斯诺拉的收藏有关。那么塞斯诺拉是何许人呢？卢吉·帕尔马·迪·塞斯诺拉（Luigi palma di cesnola，1832—1904年），1832年出生于意大利北部都灵附近皮埃蒙特的小镇里瓦罗洛，1851年毕业于凯拉斯科皇家军事学院，曾参加克里米亚战争。1860年移居美国。1865—1876年任美驻塞浦路斯领事。② 由于塞浦路斯很早以来一直是地中海贸易中心和希腊神话中爱神阿弗洛狄忒的诞生地，那里拥有特别丰富的文化资源。腓尼基人、埃及人、希腊人和古罗马人陆续统治过那里，留下了融合当地艺术风格的标志。因此，"塞浦路斯提供了古代世界艺术发展延绵不断的历史"。在任11年间，塞斯诺拉探索并确认了16座古城，发掘了15座神殿，65处墓地，6万多座古墓，收集了35573件文物，包括2000多件雕像，约14000件陶器，近4000件玻璃器，等等。③ 1879—1904年他出任美国大都会艺术博物馆首任馆长，他的有关塞浦路斯的藏品，是美国大都会博物馆最初的家底。这些猪形陶俑拨浪鼓，正是塞斯诺拉在塞浦路斯的发掘收藏物。

《塞浦路斯的古代城市、墓葬和寺庙：十年居住期间的发掘和研究》（1877年）一书，是塞斯诺拉的考古工作报告。其中提到猪

---

① Vassos Karageorghis, *Ancient Art from Cyprus: The Cesnola Collection in the Metropolitan Museum of Art*, Metropolitan Museum of Art New York, 2000.
② ［英］丹尼尔：《考古学一百五十年》，黄其煦译，文物出版社1987年版，第219—220页；曹世文、黄季方：《美国名人词典》，华夏出版社1991年版，第682页。
③ ［美］汤姆金斯：《商人与收藏：大都会艺术博物馆创建记》，张建新译，译林出版社2014年版，第41、45页。

形拨浪鼓，出自塞浦路斯的阿拉布拉墓葬。①

还应该提到的是，塞浦路斯博物馆成立于1883年，也就是英国占领塞浦路斯四年之后。英国历史学家J. L. 迈尔斯（Myres, John Linton），曾先后在牛津大学和加利福尼亚大学任教，于1894—1913年指导塞浦路斯的考古发掘工作。他和马克斯·奥纳法尔施—里希特编排布置了新的博物馆陈列，二人合著的《塞浦路斯博物馆目录》发表于1899年，其中提到了猪形玩具，认为仅限于晚期和古希腊化的墓葬，更多的是象征性和奉献的意义。但具体说明了儿童拨浪鼓的特征：桶形，猪脸，眼睛穿孔，褐色清漆。②

塞浦路斯最早的陶器作品出现在新石器时代（公元前5250—前4950年），在北岸的托鲁利遗址出土的磨光红色陶器和白地红绘纹样的陶器，是迄今为止发现的塞浦路斯最古老的陶制工艺品。③而塞浦路斯的猪形拨浪鼓，是古希腊文化的遗存。④

具有重要意义的是，古希腊思想家亚里士多德《政治论》第六章中，曾盛赞了拨浪鼓的发明："儿童必需要有些事情做。人们逗小孩玩，使他们不致于打破室内其他杂物的阿奇泰式摇鼓，是一种绝妙的发明。因为小孩总是好动的。摇鼓是一种适合幼儿心理的玩具，而音乐教育本身就是用一种为年龄较长的儿童所设计的摇鼓式玩具。"⑤他谈到了儿童音乐教育，称"阿奇泰式摇鼓""是一种绝妙的发明"。阿奇泰人生活在公元前4世纪古希腊伯罗奔尼撒半岛

---

① Luigi Palma di Cesnola, *Cyprus: Its Ancient Cities, Tombs, and Temples: a Narrative of Researches and Excavations during Ten Years' Residence*, Cambridge University Press, 2015, pp. 82 - 102.

② John L. Myres and Max Ohnefalsch-Richter, *A Catalogue of the Cyprus Museum with a Chronicle of Excavations Undertaken since the British Occupation and Introductory Note on Cypriote Archaeology*, Oxford: Clarendon Press, 1899, pp. 31 - 32, 95.

③ 张夫也：《外国工艺美术简史》，高等教育出版社2000年版，第50页。

④ 关于塞浦路斯希腊化，参见 Giorgos Papantoniou, *Religion and Social Transformations in Cyprus: from the Cypriot Basileis to the Hellenistic Strategos*, Brill, 2012。

⑤ 张焕庭：《西方资产阶级教育论著选》，人民教育出版社1964年版，第571页。

中部，他们为儿童设计了摇鼓式玩具。

著名的特洛伊战争，是迈锡尼人与特洛伊人争夺海上贸易控制权的战争，在古希腊神话中，我们了解到在特洛伊战争之前，王后赫卡柏给儿子帕里斯的玩具，就是拨浪鼓，其后成为她找回儿子的证物。[①]

博物馆中的小猪拨浪鼓给我们以深刻的启迪，任何一种文明的产生和维系都不是无缘无故的，希腊及中东一带的文明诞生于同一时期。塞浦路斯公元前3世纪到1世纪属于大希腊区，约翰·兰德对于公元前3世纪至公元3世纪的塞浦路斯陶瓷流通，进行了全面的专门研究。[②] 小小的猪形拨浪鼓有着古希腊文化的渊源和深厚的文化积淀。

尽管有不少学者探讨塞浦路斯猪形陶俑在崇拜仪式中的作用，[③] 但是它出现在儿童墓葬，作为儿童玩具的特征是非常明显的，若将这些猪形拨浪鼓形容为丝路上的"儿童空间"，也并不过分。塞浦路斯猪形陶俑拨浪鼓具有三个基本要素：一是陶制，二是猪形，三是声动儿童玩具。猪陶俑内有一小块儿干燥的黏土，摇动时发出"嘎嘎"声，孩子会被这样的拨浪鼓逗乐，以此培养儿童的听觉，这有助于提高儿童的音乐语言能力，而猪还有守护孩子的意义。我们知道，中国儿童玩具拨浪鼓历史悠久，与塞浦路斯儿童玩具拨浪鼓一样，都是声动玩具，即属于同一种类型的儿童玩具，具有同样的声动原理。因此拨浪鼓是古代东西方儿童共有的一种玩具，但是却又各具特色。下面让我们把视野转向中国拨浪鼓。

[①] [德]洛·泼莱勒：《希腊神话全集》，曹乃云译，二十一世纪出版社2014年版，第120页。

[②] John Lund, *A Study of the Circulation of Ceramics in Cyprus from the 3rd Century BC to the 3rd Century AD*, Aarhus: Aarhus University Press, 2015.

[③] 有代表性的是 Katerina Kolotourou, "Music and Cult: the Significance of Percussion and the Cypriote Connection", in V. Karageorghis ed., *Cyprus: Religion and Society from the Late Bronze Age to the End of the Archaic Period*, Mohnesee-Wamelm, 2005, pp. 183 – 204.

二 古代中国猪形陶俑·陶铃·拨浪鼓

拨浪鼓作为中国最古老的儿童玩具，一般认为其历史可上溯到先秦时期。最早的拨浪鼓称为鼗（音 táo）。《周礼·春官·小师》："小师：掌教鼓、鼗、柷、敔、埙、箫、管、弦、歌"，凡小乐事，"掌六乐声音之节与其和"。小师是官名，《周礼》春官的属官，掌音乐。郑玄注云："如鼓而小，持其柄摇之，旁耳还自击。"[①] 由此可知，先秦时期的鼗在形制上即今天的拨浪鼓。而出自《周礼》的拨浪鼓，是一种古乐器，当时用于"礼乐"之中，在演礼仪式中属于常用乐器，与塞浦路斯拨浪鼓曾承担仪式音乐，具有同样的功能，并不是儿童玩具。

再来看陶猪形象。从新石器时代起，中国已形成农业为本的格局，出现以猪为家畜饲养的趋向。中国国家博物馆收藏的公元前7000年前后的河姆渡陶猪，以灰陶制成，身躯肥满圆实，腹部下垂，呈现家猪的逼真形象，1973年于浙江余姚河姆渡出土，反映了新石器晚期家畜饲养业的兴起。[②] 有学者认为中国最早出现的形象玩具，大约在距今5000多年前的新石器时代，并举山东大汶口遗址出土的陶猪为证。[③] 其实，在中国新石器时代早期遗址中，陶塑艺术品和陶制器皿同时出现，早在7000年前的裴李岗文化遗址中，就出土了陶人头、陶猪头和陶羊头。裴李岗文化之后相继出现的有西安半坡遗址的猪形陶哨、陶鸟；河姆渡文化遗址的陶猪、陶羊、

[①] 杨天宇译注：《周礼译注》，上海古籍出版社2016年版，第449—450页。
[②] 浙江省文管会、浙江省博物馆：《河姆渡遗址第一期发掘报告》图二三，《考古学报》1978年第1期。
[③] 蒋风主编：《玩具论》，希望出版社1996年版，第135页。

陶鱼；大汶口文化的猪形陶鬶。① 中国新石器时代晚期诸多遗址发现的陶猪玩具都可为证。

西汉王朝建立于公元前3世纪初，与塞浦路斯猪形陶俑拨浪鼓出现在同一时期，随着农耕文明的发展，汉代猪的形象开始丰富起来，造型也更为多样，这一时期以陶猪为常见。猪形陶俑的繁盛，反映的是农耕文明发展的历程。汉代的猪形陶俑形形色色，林林总总，在西安地区出土的陶猪，多集中在西安、咸阳、宝鸡、华县等地。"据统计，122座墓葬共计出土560余件陶猪"②，整齐地成队排列着的这浩浩荡荡的陶猪大阵，足以体现当时的六畜兴旺。可是值得注意的是，虽然猪形陶俑本身具有娱乐儿童的功能，迄今却没有发现有内部声响的猪形陶俑。

追寻陶俑拨浪鼓的踪迹，中国声动玩具历史悠久，可以追溯到新石器时期的陶铃。在史前文化遗址中，曾经发现大量可以发声的玩具，证实了中国声响玩具的久远历史。这些文化遗址中的声响玩具都是由陶土制成，在一些考古发掘报告中称为陶铃、陶球或陶响器等，一般形制是：底部平坦，上部作穹隆形，边上有穿孔，中有陶丸，摇动时哗哗作响。从结构上来说，它无疑是一种陶制摇铃。夏鼐先生认为它在马家窑文化中是给儿童当作玩具。③ 按照类别，这是摇铃类儿童玩具，也就是发声类儿童玩具。在距今约5000年的新石器晚期甘肃马家窑文化，和其后的齐家文化，都有这种陶铃的出土。

齐家文化陶铃呈扁圆形，内装陶质小球，摇动时能发出清脆的响声。④ 此外，中国发现陶铃的文化遗址有多处，其中出土数量较

---

① 张旭：《中国古代陶器》，地质出版社1999年版，第28页。
② 刘欢：《陕西地区出土汉代陶猪的初步研究》，《南方文物》2014年第1期。
③ 夏鼐：《考古学论文集》，科学出版社1961年版，第28页。
④ 出土于中国甘肃甘谷县，资料来源：甘谷县网。

多的有：湖北省京山屈家岭文化遗址、京山朱家嘴遗址、湖北江陵毛家山遗址、四川宜昌清水滩遗址、河南唐家寨茨岗遗址、湖南泮县梦溪三元宫遗址、江苏圩墩遗址、安徽潜山薛家岗遗址等。① 特别是在甘肃临洮、兰州，还有四川巫山和安徽潜山，都是在新石器晚期儿童墓葬出土，可以印证夏鼐先生的儿童玩具定性是完全正确的。

陶铃是通过摇动发出声响的一种乐器，也是古代陶器中的经典之作。作为儿童玩具，让每个孩子都有一个快乐的童年，是大人们的心愿。这种方法一直延续到拨浪鼓在民间的流行，直至今天。

有些音乐考古学家认为把摇响器也称作陶铃，不甚妥当，应把它们区别开来。实际上作为儿童玩具，无论名称为何，其出现都应不晚于新石器时代晚期。

在古代丝绸之路上，有着东西方文化交融的拨浪鼓的清晰印记。在新疆克孜尔石窟壁画上，除一些菩萨、佛像外，在第8、184、186窟，也有儿童戏拨浪鼓的佛教故事。② 中国的佛教艺术中犍陀罗艺术因素的传入，本质上是希腊艺术或包括罗马艺术因素在内的西方古典艺术和佛教的结合。随着丝绸之路的繁荣发展，隋唐时期的敦煌壁画是拨浪鼓出现最多、最集中的地方。其中的拨浪鼓"为一木柄，上串数枚小鼓（一至四枚），演奏这种乐器的乐伎，通常兼操两件乐器，同时腋间还夹一鸡娄鼓"。③ 敦煌壁画上的拨浪鼓显示的是隋唐燕乐独特的演奏形式，是纯粹的音乐舞蹈功能，而不是作为儿童玩具。其中最具代表性的壁画有《张议潮出行图》

---

① 邹博主编：《中国国粹艺术通鉴·民间工艺卷》，线装书局2011年版，第351页。
② 陈钰、何奇编著：《克孜尔石窟壁画故事精选》，新疆人民出版社2005年版，第228—230页。
③ 范鹏：《陇上学人文存·郑汝中卷》，甘肃人民出版社2016年版，第127—128页。

《宋国河内郡夫人出行图》。

除了音乐舞蹈，在丝绸之路上，拨浪鼓作为儿童玩具，也一直流传了下来。三国东吴僧人康僧会编译的《六度集经》有民间儿童持鼗玩耍的记载："侧有一儿播鼗踊戏，商人复笑之。"这里虽然讲的是佛教故事，但反映了三国时期拨浪鼓已经成为儿童玩具的事实。有学者指出："三国紧临东汉，实乃汉末乱世，所以我们完全可以做出这样的推测：鼗由雅乐演变成儿童玩具的时间当在汉魏时期。这样看来，作为儿童玩具的拨浪鼓至少也有1500年的历史。"[①]这里无疑是从作为祭祀和雅乐乐器的拨浪鼓线索的探讨，而拨浪鼓作为声动玩具，另有一条发展线索，即从陶铃到拨浪鼓的民间儿童声动玩具的发展线索，这条线索已有几千年的历史。

在中国古代礼乐活动中，拨浪鼓是常用乐器，而作为儿童声动玩具，它是中国常见的儿童玩具之一。在南宋李嵩的《货郎图》中，我们可以看到画中货郎手摇拨浪鼓的形象，鼓柄做成葫芦把，鼓形如罐，双耳似皮条，持柄摇之，皮条抽打鼓面发声。这时的拨浪鼓又有商业功能的体现，民间货郎一般是用这声音招徕顾客。在图中，我们可以清楚地看到中国拨浪鼓的形制与塞浦路斯拨浪鼓的形制有比较大的差异。

声响玩具是指可以发声作响的玩具，品类很多。声响玩具包含着许多科学原理和民间的审美观念。[②] 在中国声响玩具中，拨浪鼓是典型的一种。上海中国儿童玩具博物馆的藏品达976件，其中有中国民间玩具拨浪鼓，也有彩绘的陶铃。[③] 中国儿童玩具拨浪鼓是从陶铃的原理演变而来，这与塞浦路斯拨浪鼓具有相同的原理；而

[①] 邹博主编：《中国国粹艺术通鉴·民间工艺卷》，第354页。
[②] 张卉编：《中国民间美术教程》，重庆大学出版社2011年版，第148页。
[③] 张海水：《中美儿童博物馆研究》，上海科技教育出版社2016年版，第38页。

中国玩具拨浪鼓起源于鼗的形制,这是与塞浦路斯拨浪鼓完全不同的。

三 丝绸之路视野下的"儿童空间":共性与特性

自从有了人类社会,共同体就一直存在。从人类命运共同体视角审视,关于塞浦路斯猪形儿童玩具拨浪鼓与中国拨浪鼓的有趣故事,是一部东西方文化隐秘联结的历史,在此也在彼的文化记忆中留下了深深的印记。文化形成的联结比我们今天知道的东西方人类直接接触交往的历史更加悠久,就如同古代丝绸之路在汉代张骞开凿西域之前,早已有着久远的民间交往史。汉代中国的张骞跋涉在无边的沙漠,黄门译长航行在无垠的海洋,开拓着通往西方的陆上丝绸之路和海上丝绸之路的时候,在遥远的西方地中海世界,人们也在千方百计地设法打通与东方的交通线路。杨巨平教授认为"希腊化文明是在亚历山大帝国的基础上形成的一个既多元又统一的新型文明,连接中国与地中海的丝绸之路是在汉代张骞通西域之后全线贯通的,不论从时间还是空间上,二者都有交集之处"。[①] 其实,早在公元前7000—前6000年,希腊爱琴海上已出现了早期的海上贸易;中国也早在8000年前浙江萧山跨湖桥就出现了称为"中华第一舟"的独木舟。希腊作为一个海上强权国家确立于公元前700年之前,后扩张为公元前5世纪的大希腊,西到大西洋,东到黑海。塞浦路斯居于东西方海上贸易中心地,其陶器在海上贸易中是重要物品之一,这可以解释塞浦路斯陶器文化与东方陶器文化的关联之一二。

---

① 杨巨平:《希腊化文明与丝绸之路关系研究的回顾与展望》,《北京师范大学学报》2016年第3期。

纵观古今丝绸之路视野下的儿童空间，说明古代世界是相通的。这里还有一个例子可以印证。2016年10月23日《古代起源》报道：新西伯利亚考古学家的年度发现是一种玩具，可以娱乐史前幼儿。他们在西伯利亚发现了手工制作的熊头儿童拨浪鼓，它有4000年的历史。在丝绸之路延伸的北亚，有4000岁的儿童摇铃被制作成小熊的头，而且它还在摇铃！

报道说世界上最古老的玩具之一的惊人发现，来自西伯利亚青铜时代定居点的发掘。新西伯利亚考古与人种学研究所副所长维亚切斯拉夫·莫洛丁教授说，里面的小石头保持密封状态"发出叮当声"。他告诉《西伯利亚时报》："这是一种粘土拨浪鼓，带有可见的精心制作的提手——便于儿童握持。它是由粘土烧成的，内部是空心的，里面有小石头。"[①] 重要的是，这个拨浪鼓仍然在起作用。相对塞浦路斯儿童拨浪鼓的三个基本要素，只是猪形换作了熊头，而拨浪鼓作为儿童玩具的功能，是完全一致的。这一例子说明，人类文明发展的共性，即人类文明的基本精神是相通的，无论东西方的人们，都是以声动的原理进行儿童音乐教育，培养儿童，娱乐儿童。这种共性因素，从古至今都没有改变。拨浪鼓通过声音吸引幼儿关注，培养儿童集中注意力，现代早教方案也已将拨浪鼓列入了幼儿智力与语言相通训练教程。[②]

四 结语

综上所述，本文分析了塞浦路斯发声的猪形陶俑拨浪鼓和中国

[①] Tamara Zubchuk, "4,000-year-old Children's Rattle Crafted as Bear Cub's Head: And it Still Rattles!" October 23, 2016, https://www.ancient-origins.net/news-history-archaeology/4000-year-old-childrens-rattle-crafted-bear-cubs-head-and-it-still-rattles-021036.

[②] ［意］蒙台梭利：《蒙台梭利早教方案0—3岁智力及语言系统训练全书》，齐开霞编译，北京理工大学出版社2013年版，第128页。

的拨浪鼓，考察了其各自渊源和在人类文明发展过程中由仪式功用到形成儿童玩具的历史变化过程。小小的拨浪鼓折射了中外文化相通的内在理路，都可以追寻到古代祭祀仪式的乐器和新石器晚期的陶器。中华文明与希腊文明，其共性表现在小小的声动玩具——儿童拨浪鼓上，反映了古代中华文明与古希腊文明之间的关联，由此，我们可以洞悉人类文明发展的多元文化共生与交融现象，因此不妨将之称为"拨浪鼓现象"。通过"拨浪鼓现象"，探讨东西方儿童文化的异同，探寻东西方文明的共性和特性，东西方拨浪鼓既具有共性，而又带有各自文化的特性。拨浪鼓被程式化地作为儿童玩具，失去了其作为仪式乐器传承的原初特性，这种变化与东西方儿童教育的开始兴盛发展相联系。形形色色的拨浪鼓呈现了世界各地不同的设计形制，作用上却是共同的类型——儿童声动玩具。这一现象说明在东西方文明发展中，人类命运共同体构建的特征是"你中有我，我中有你"，具有坚实的历史逻辑和丰富的现实资源。如何对待儿童，为他们身心健康的良好发展争取美好的明天，早已为东西方社会所关注。音乐与儿童的发育成长关系重大，声动玩具伴随儿童成长，在儿童心中占据重要的地位，在东西方是共通的，而关心儿童的健康成长，是人类命运共同体的共同责任。

  古代中国与塞浦路斯之间存在交通不便、信息不对称的问题，儿童玩具之间的直接交流过程并不明朗，但是古代人类的生活需求是一致的，隐秘的文化传播也是一直存在的，所以才有古代东西方儿童空间的"拨浪鼓现象"——文化共生与交融现象。作为东西方文明中具有共生和个性特征的中塞两国儿童玩具，虽然在体现形式上各有差异，但却依附于共同的价值主体，是人类文化多样性的完美呈现。

  至今中国拨浪鼓在一些地方盛行不衰，国务院总理李克强考察浙江时获赠的一只拨浪鼓，在 2014 年 12 月 8 日被中国国家博物馆收藏,这是百年历史的中国国家博物馆迎来的首个拨浪鼓藏品。在现实中,浙江义乌人艰苦创业时摇动的拨浪鼓蕴含的拨浪鼓精神,已是闻名遐迩。这种拨浪鼓精神,对于推动共建"一带一路"的实践,有着重要的现实意义。

伊索克拉底笔下的塞浦路斯君主埃瓦格拉斯与古典时代中希知识精英语境中的贤君形象

吕厚量[*]

摘要：作为古希腊传记文学源头的伊索克拉底作品《埃瓦格拉斯》选取塞浦路斯君主埃瓦格拉斯为赞美对象，对后世西方传记作品的结构、内容、写作宗旨和语言风格产生了深远影响。古代中国史学同样为后人留下了丰富的传记材料。古代东西方的知识精英不约而同地选择传记体裁作为描述自己心目中道德完满的理想化贤君形象的重要工具。他们的记述与艺术化创作一方面寄托了丝绸之路两端知识精英与人民群众的共同政治理想，另一方面也体现了古代地中海文明与华夏文明在社会经济环境、政治观念等方面的差异性与自身特色。

关键词：伊索克拉底、埃瓦格拉斯、传记、塞浦路斯

---

[*] 英国爱丁堡大学古典学博士，中国社会科学院世界历史研究所副研究员。

一 传记体裁在古代西方与古代中国的演变历程

在古希腊文学、史学的特定语境下，传记体裁起源于伊索克拉底（Isocrates）的《埃瓦格拉斯》（*Evagoras*），而脱胎于由女性歌手在死者葬礼上边痛哭边演唱的葬礼赞美诗，① 后者是一种韵文性质和表演性质显著的文学样式。伊索克拉底率先将这种诗歌改造为散文体，② 并赋予其浓厚的道德教育色彩，希望这种传记可以鼓励青年一代去追求人生美德。③ 通过色诺芬（Xenophon）、特奥庞普斯（Theopompus）等人的创作实践，这种体裁成为学院派哲学家宣传其道德观的重要手段。④ 根据柏拉图（Plato）与亚里士多德（Aristotle）的观点，美德无法用灌输式的手段教授。因此，在他们眼中，对话和传记就成了道德教育的两件主要工具。哲学对话可以启发人心中固有的良知，刺激读者去思考生命的意义；赞美英雄的传记则为后人展示了理想的生活方式，塑造了受教育者的性格。在苏格拉底学派中，色诺芬是从事传记创作的先驱，⑤ 创作了影响深远的散文传记《阿格西劳斯》（*Agesilaus*）。希腊化时代到来后，由于君主对社会生活的影响与日俱增，帝王传记逐渐成为学院派常用的写作

---

① Friedrich Leo, *Die Griechisch-Römische Biographie nach Ihrer Literarischen Form*, Leipzig: Duck und Verlag von B. G. Teubner, 1901, p. 92.

② Isoc. *Evag.* 8.

③ Isoc. *Evag.* 5.

④ Albrecht Dihle, *Greek and Latin Literature of the Roman Empire, From Augustus to Justinian*, Manfred Malzahn, trans., London & New York: Routledge, 1989, p. 191.

⑤ Arnaldo Momingliano, *The Development of Greek Biography*, Cambridge & Massachusetts, Harvard University Press, 1971, p. 47.

体裁。① 伊索克拉底的学生，②学院派的著名学者特奥庞普斯创作了腓力二世的传记，③长达58卷，④按照伊索克拉底建立的模式记述了腓力的生平事迹。⑤根据哈里卡纳索斯作家狄奥尼修斯的介绍，这部著作最大的特点便是以道德论为其思想核心，⑥这与伊索克拉底《埃瓦格拉斯》的风格是一致的。特奥庞普斯的传记在希腊罗马世界一度被人广泛阅读。⑦在他之后撰写传记的作家有阿瑞斯托克努斯（Aristoxenus）⑧、开俄斯岛的阿瑞斯托（Aristo）⑨等学院派弟子，他们的失传传记作品很可能也是伊索克拉底作品模式的翻版。到了公元前1世纪至公元1世纪期间，奈波斯（Nepos）与普鲁塔克（Plutarch）完成了传记与拉丁、希腊史学的合流。⑩传记史学这一体裁逐渐发展成为古典晚期、加洛林王朝与拜占庭帝国的主流史学撰述体裁。

然而，在古代世界文化史上，传记文学与传记史学并非古希腊罗马文化的专利。在古代中国，《国语》《左传》《论语》和《孟子》的记载中已包含齐桓公、晋文公、越王勾践、孔子与孟子的丰富个人传记元素。从司马迁的《史记》与班固的《汉书》开始，纪传体成为中国古代王朝编撰前朝正史的标准体裁。中国古代记述各王朝兴衰的24部正史，以及民国学者增补的《新元史》《清史

---

① Momingliano, *The Development of Greek Biography*, p. 73; John Marincola, *Greek Historians*, Cambridge: Cambridge University Press, 2001, p. 107.
② Dionysius of Halicarnassus, *Letter to Gnaeus Pompeius*, 6.
③ Paul Cartledge, *Agesilaos and the Crisis of Sparta*, London: Duckworth, 1987, pp. 68–69.
④ Tim Duff, *The Greek and Roman Historians*, London: Bristol Classical Press, 2003, p. 46.
⑤ Dionysius of Halicarnassus, *Letter to Gnaeus Pompeius*, 6.
⑥ Dionysius of Halicarnassus, *Letter to Gnaeus Pompeius*, 6.
⑦ Cartledge, *Agesilaos and the Crisis of Sparta*, p. 69.
⑧ Momingliano, *The Development of Greek Biography*, p. 75.
⑨ Momingliano, *The Development of Greek Biography*, p. 81.
⑩ 具体过程参见拙著《从三篇阿格西劳斯传记的差异看奈波斯与普鲁塔克对西方传记史学的贡献》，《史学史研究》2011年第2期。

稿》，钱海岳的《南明史》等著作均沿用了这一基本体例，为后人留下了丰富且宝贵的传记史学材料。

笔者发现，古希腊与古代中国传记发展历程中的一个共同点在于："文化边疆"英雄形象为中希文明不同语境下传记文学的撰述提供了丰富鲜明、引人入胜的绝佳素材。文化边疆是既同本区域主体文明联系密切、又具备自身鲜明特色的特定地区；这些地方涌现出的传奇英雄的个人经历与性格体态特征既具有一定的异域情调或地方特色，又对主体文明的政治、军事与文化走势产生了重要乃至决定性的影响，从而成为传记文学所关注的焦点。塞浦路斯君主埃瓦格拉斯一世（公元前411—前374年）和越王勾践（约公元前520—前465年）分别是古希腊与古代中国传记文学中贤君形象的突出代表。本文将对伊索克拉底《埃瓦格拉斯》与中国古籍《国语·越语上》《史记·越王勾践世家》《越绝书》《吴越春秋》分别塑造的理想化君王形象进行比较研究，进而分析古代丝绸之路凿空之前地中海世界与东亚世界知识精英和民众政治观念的相通之处与差异性。

二 承载希腊古典时代道德哲学理想的塞浦路斯君主埃瓦格拉斯与总结春秋时代治国经验得失的越王勾践形象塑造

作为古希腊乃至西方文学史上散文体传记文学的创始者，伊索克拉底明确承认自己的拓荒之作《埃瓦格拉斯》来自对葬礼赞美诗体裁的创造性改编。他在《埃瓦格拉斯》第8—11节写道：

我完全清楚自己计划的事业——用散文赞美一个人的美德——是何等艰难。诗人们可以运用各种华丽辞藻,安排诸神干预人事,在战斗中对他们宠爱的任何凡人讲话或出手相助。诗人们在叙述主题时不仅可以采用传统的表达方式,还可以运用外来的和新造的词汇,想尽一切办法去点缀自己的诗篇。相反,演说家们却不得应用那些手段。他们必须准确地运用当下通用的词汇,表达与事实一致的思想。此外,诗人的一切作品都合乎音步与韵律;演说家则不具备其中的任何优势。那些元素赋予诗歌以魅力;即便诗人的风格与思想稍逊,他们还是可以凭借韵律的和谐令听者入迷。我们不妨如此观察诗歌的魔力:如果我们保留那些令人赞不绝口的诗篇的词汇和思想,但去掉其韵律的话,其效果将远远逊色于我们之前对它们的良好印象。然而,尽管诗歌占有如此巨大的优势,我们还是不要在使命面前退缩,而是应当努力尝试能否用散文赞美杰出人物,取得不逊于人们在葬礼赞美诗中用歌唱和韵文所达到的效果。

伊索克拉底用以取代音步、韵律等诗歌元素,并让自己的散文体传记与古老而神圣的葬礼赞美诗传统分庭抗礼的是在公元前4世纪已臻于成熟的希腊道德哲学理论。道德哲学的导入使得散文传记体裁成了伊索克拉底等哲学家手中一件得心应手的、用来塑造完满人物道德形象的武器,其效果比空洞抽象的说教更丰满,比华而不实的诗歌更可信。[①]《埃瓦格拉斯》选取了塞浦路斯岛上的萨拉米斯(Salamis)王朝君主埃瓦格拉斯一世为赞美对象,讴歌了后者的

[①] 但伊索克拉底在《埃瓦格拉斯》中也充分借鉴了品达(Pindar)颂诗中的优秀艺术技巧,见 William H. Race, "Pindaric Encomium and Isokrates' Evagoras", *Transactions of the American Philological Association (1974–2014)*, Vol. 117, 1987, pp. 131, 155。

高贵、英俊、强健、谦逊、虔诚、智慧、公正、节制、友爱、抗击外侮、教子有方等优秀品质。这篇古希腊传记文学的开山之作和伊索克拉底的另外两篇以塞浦路斯王政为主题的作品《致尼科克勒斯》(*To Nicocles*)① 和《尼科克勒斯》(*Nicocles*)② 交相辉映,描绘了自己和其他希腊知识精英心目中的理想贤君形象,寄托了自己希望借助一个强大、温和、节制、理性、富于美德的君主制城邦抗击波斯帝国,重现希腊世界的自由、和平与繁荣局面的崇高政治理想。

与此同时,伊索克拉底撰述《埃瓦格拉斯》一文的另一个明确目的是用它来作为教育埃瓦格拉斯一世子女的道德教材。他在全文末尾处写道:

> 我撰写这篇作品的一个特别原因在于:我相信如果能将埃瓦格拉斯的功业汇集起来,加以文字润色,供你们、你们的子女和埃瓦格拉斯的所有其他后裔阅读学习的话,那对于你们而言将是再好不过的激励方式。因为我们鼓励年轻人学习哲学的方式就是赞美其他人物,以便他们为了效仿那些受到赞美的榜样而去追求相同的目标。但我为你们选择的榜样不是外邦人,而是你们自己的家人。我对你们的期许是你们不要在言辞或行动上逊色于其他任何希腊人。

然而,除了树立理想君主形象并以此素材作为埃瓦格拉斯本人子孙学习道德哲学的榜样外,熟悉塞浦路斯事务的伊索克拉底还在传记中插入了一些相当可靠、反映了公元前4世纪塞浦路斯政治、

---

① Isoc. *To Nicocles*, 9-11.
② Isoc. *Nicocles*, 28.

经济、文化面貌的材料，它们为今人了解古典时代后期塞浦路斯岛在希腊世界与波斯帝国之间举足轻重的政治、军事、外交地位，以及该岛在萨拉米斯王朝贤君埃瓦格拉斯及其他君主治下出现的经济、文化繁荣局面提供了文献史料依据。根据伊索克拉底的记载，埃瓦格拉斯从腓尼基人手中夺回了本家族对岛上城市的控制权；他还修缮城墙，建造三列桨战舰，使塞浦路斯成为地中海世界不可轻视的一支军事力量。① 埃瓦格拉斯即位后制定了大量鼓励希腊诸城邦向塞浦路斯岛移民的政策，吸引了大量人才，并引进了希腊本土的文化教育模式。② 来自希腊本土的移民普遍承认，埃瓦格拉斯治下的塞浦路斯要比自己的家乡在施政方面更加温和、仁慈与公正。③ 关于古塞浦路斯岛风土人情的这些宝贵信息同埃瓦格拉斯一世的贤君形象如影随形，共同在西方知识精英的历史记忆中留下了不可磨灭的痕迹。④

在与埃瓦格拉斯的统治时期相去不远的中国春秋末年（公元前 5 世纪初），也有一位传统意义上华夏文化边疆地区的君主越王勾践通过励精图治战胜了当时令中原各国望而生畏的吴王夫差，从而引起了《国语》《左传》《史记》《越绝书》《吴越春秋》等作品编著者的高度关注，成为见证中国古代传记史学发展的一个重要历史人物形象。

从严格意义上讲，较早对越王勾践形象进行塑造的《国语》为语录体史料汇编，并非定型的传记作品。然而，《国语》文本中传记元素的存在则是不争的事实。《国语·晋语三》和《国语·晋语

---

① Isoc. *Evag.* 47–48.
② Isoc. *Evag.* 49–50.
③ Isoc. *Evag.* 51.
④ Anna Satraki, "The Iconography of Basileis in Archaic and Classical Cyprus: Manifestations of Royal Power in the Visual Record", *Bulletin of the American Schools of Oriental Research*, No. 370, November 2013, pp. 123, 139.

四》分部可被视为晋惠公与晋文公二人的传记素材汇编。而本文重点探讨的《国语·越语上》同样构成了关于越王勾践政治生涯的一部生动传记。值得注意的是,《国语·越语上》的作者在历史人物传记材料的取舍、编排与剪裁等方面已达到很高的水平;全文开篇第一段便成功地将读者带入了扣人心弦的第一个高潮:

> 越王勾践栖于会稽之上,乃号令于三军曰:"凡我父兄昆弟及国子姓,有能助寡人谋而退吴者,吾与之共知越国之政。"大夫种进对曰:"臣闻之贾人,夏则资皮,冬则资絺,旱则资舟,水则资车,以待乏也。夫虽无四方之忧,然谋臣与爪牙之士,不可不养而择也。譬如蓑笠,时雨既至必求之。今君王既栖于会稽之上,然后乃求谋臣,无乃后乎?"勾践曰:"苟得闻子大夫之言,何后之有。"执其手而与之谋,遂使之行成于吴。①

上述引文的第一句——"越王勾践栖于会稽之上"——直接点明了勾践当时的危殆处境:兵败后被围困于会稽孤山,随时面临遇俘被杀的威胁。狼狈不堪的勾践此时居然提出愿与能够进献良策的臣子分享君主权力的许诺,结果反遭大夫文种一番奚落——真正的贤君应当对困难早有预防,而不是等到走投无路之际才想起来重用人才。此时,越王勾践(或不如说《国语·越语上》的作者)向我们展示了优秀君主的第一项重要品质——隐忍与自省。心情必定恶劣到极点的勾践强压下心头的怒火与负面情绪,拉着文种的手表达了自己的悔过之意,从而说服了受宠若惊的后者担任使节并同吴王交涉,保住了勾践和身边贤臣良将们的性命。

---

① 徐元诰:《国语集解》,中华书局2002年版,第567—568页。

危机解除后,勾践再次以苦行僧式的姿态在全体越国民众面前展示了自己的谦卑恭谨与顽强不屈:

> 勾践说于国人曰:"寡人不知其力之不足也,而又与大国执雠,以暴露百姓之骨于中原,此则寡人之罪也。寡人请更。"于是葬死者,问伤者,养生者,吊有忧,贺有喜,送往者,迎来者,去民之所恶,补民之不足。然后卑事夫差,宦士三百人于吴,其身亲为夫差前马。①

而当勾践最终骗取了吴王夫差的信任,得以回国并充分施展其政治抱负时,《国语·越语上》的作者又以一位老到的治国谋臣的面貌出现,在记载勾践政绩的幌子下尽情阐发了战国初年士人对贤君的政治期许:

> 勾践之地,南至于句无,北至于御儿,东至于鄞,西至于姑蔑,广运百里。乃致其父母昆弟而誓之曰:"寡人闻,古之贤君,四方之民归之,若水之归下也。今寡人不能,将帅二三子夫妇以蕃。"令壮者无取老妇,令老者无取壮妻。女子十七不嫁,其父母有罪;丈夫二十不娶,其父母有罪。将免者以告,公令医守之。生丈夫,二壶酒,一犬;生女子,二壶酒,一豚。生三人,公与之母;生二人,公与之饩。当室者死,三年释其政;支子死,三月释其政。必哭泣葬埋之,如其子。令孤子、寡妇、疾疹、贫病者,纳宦其子。其达士,洁其居,美其服,饱其食,而摩厉之于义。四方之士来者,必庙礼之,勾践载稻与脂于舟以行。国之孺子之游者,无不餔也,无不歠

---

① 徐元诰:《国语集解》,第569—570页。

也，必问其名。非其身之所种则不食，非其夫人之所织则不衣，十年不收于国，民俱有三年之食。①

毋庸置疑的是，《埃瓦格拉斯》与《国语·越语上》两篇作品在使用语言（古希腊文与文言文）、体裁渊源（葬礼赞美诗与语录体史料汇编）、思想依托（希腊古典时代道德哲学教育理念与战国初期法家的治国强兵思路）、社会背景（公元前4世纪希腊城邦内战和波斯帝国的威胁与春秋末期的列国争霸）等方面存在着显著差异，但我们惊奇地发现，《国语·越语上》的无名作者（相传鲁国史官左丘明为《国语》全书的汇纂与校订者，但其最初史料来源已无从考证）在此提出的重视民生、文教与广纳贤士、吸引外来人口等呼吁是跟伊索克拉底对埃瓦格拉斯治国成就的总结高度契合的。由此可见，古希腊与古代中国的知识精英不约而同地将传记体裁（或历史中的人物传记元素）改造成了一件宣传作者本人政治理想的重要工具，并借此传播了一种彼此之间高度契合、同中有异、以理想贤君的存在为前提的治国理念。

在《国语·越语上》业已高度成熟的人物形象刻画基础上，司马迁在《史记·越王勾践世家》中进一步完善、丰满了越王勾践传记的内容。司马迁的一个重要举措是补充了反映越王勾践嫉贤妒能、忘恩负义等性格阴暗面的细节材料，从而使越王勾践这一枭雄的形象进一步立体化与有血有肉。他在作品中写道：

范蠡遂去，自齐遗大夫种书曰："飞鸟尽，良弓藏；狡兔死，走狗烹。越王为人长颈鸟喙，可与共患难，不可与共乐。

---

① 徐元诰：《国语集解》，第570—571页。

子何不去?"种见书,称病不朝。人或谗种且作乱,越王乃赐种剑曰:"子教寡人伐吴七术,寡人用其三而败吴,其四在子,子为我从先王试之。"种遂自杀。①

与此同时,司马迁还在勾践传记中添加了范蠡隐居江湖后经商致富的插话,② 增加了传记史学的趣味性。他对勾践的史传评述则一语道破了越王勾践在《国语》等史料中作为贤君形象代表的事实,也承认了以贤君形象寄托政治理想的传记史学特色在西汉时期(司马迁生于公元前145年)已成为中国古代史学家们尽人皆知的基本常识:

> 太史公曰:禹之功大矣,渐九川,定九州,至于今诸夏艾安。及苗裔勾践,苦身焦思,终灭强吴,北观兵中国,以尊周室,号称霸王。勾践可不谓贤哉!盖有禹之遗烈焉。③

在成书年代众说纷纭的杂史《越绝书》和原本可能业已失传的东汉赵晔《吴越春秋》等作品中,越王勾践的传记化元素被进一步细节化与戏剧化。"卧薪尝胆"(北宋时期出现的成语形式)后东山再起的越王勾践逐渐发展成为古代中国传记史学中理想贤君的代表形象,甚至在一定程度上成了蒲松龄等中国古代士人百折不挠、奋发图强的中华传统文化精神家喻户晓、最为典型的载体之一。

---

① 司马迁:《史记》,中华书局1959年版,第1746—1747页。
② 司马迁:《史记》,第1751—1755页。
③ 司马迁:《史记》,第1756页。

三 埃瓦格拉斯一世与越王勾践在古希腊、古代中国文献中传记化形象的共通性与差异性

埃瓦格拉斯一世与越王勾践传记化形象的一个明显特征在于：二者都是以某种意义上的"文化边疆"（位于希腊文明与波斯帝国势力交界处的古塞浦路斯[①]和由"蛮夷"入"华夏"的古代吴越之地）英雄身份获得中心文明地带作家（阿提卡演说家伊索克拉底与鲁国史家左丘明）关注，从而在世界古代传记体裁的发展历程中留下浓墨重彩的一笔的。这种不约而同在一定程度上反映了公元前5—前4世纪的古希腊文明与华夏文明的包容性与开放性。诚然，现存古希腊文与汉文材料中保存着不少反映古希腊、古代中国作家歪曲、敌视、他者化周边族群的，具有东方主义或夷夏观念等时代局限性的偏激论述，是需要现当代学者们加以甄别和严肃批判的。但总的来说，希腊古典时代与中国春秋战国时期的世界观与历史观是朝气蓬勃、积极开放、理性客观的。希罗多德、泰西阿斯、色诺芬、伊索克拉底与孔子、左丘明等作家基本能够以同情心、同理心去看待自己所认知、接触的世界范围内的各个城邦、帝国、部落、诸侯国与地区性文化，对埃瓦格拉斯一世、越王勾践等文化边疆英雄的功业予以承认和由衷赞美。这种健康、积极的世界观与历史观时至今日仍是值得我们这些全球化时代的现代人学习、借鉴的。

[①] Giorgos Papantoniou, "Cypriot Autonomous Polities at the Crossroads of Empire: The Imprint of a Transformed Island Scape in the Classical and Hellenistic Periods", *Bulletin of the American Schools of Oriental Research*, No. 370 (November 2013), p. 171; Eugene A. Costa, "Evagoras I and the Persians, ca. 411 to 391 B. C.", *Historia: Zeitschrift für Alte Geschichte*, 1st Qtr., 1974, Bd. 23, H. 1 (1st Qtr., 1974), p. 43.

埃瓦格拉斯一世与越王勾践传记形象的另一个共同点在于：二者均被具有深刻哲学思想或政治抱负的古希腊、古代中国知识精英所借用，成为他们寄托自身道德、治国理想的完美贤君形象。尽管塑造两位理想贤君形象的语言文字、道德范畴与历史素材存在根本差异，古希腊文与文言文史料为我们呈现的两位君王却展示出了令人惊异的相似性——他们都在艰苦逆境中坚忍不拔，通过奋斗改变了自己的命运；他们都重视民生和社会公正，为人民的安居乐业提供了良好的社会环境；他们都重视招揽人才和吸引外来移民，积极发展本国的文化与国力；他们都善于运用外交手段，借助智慧领导人民成功地抵御了外侮。埃瓦格拉斯一世和越王勾践的社会治理及其历史记忆出现于张骞通西域与陆上丝绸之路"凿空"三四百年之前。二者之间显然并非流传转述的关系，而是体现了一种不约而同：这种不约而同背后的基础是地中海世界与华夏世界知识精英与普罗大众对和平、公正、富足与智慧的追求与向往和对英雄主义、拼搏精神的赞许与推崇。这种同情心与同理心正是丝绸之路沿线的居民在日后更为便利的交通条件下互通有无、团结合作的心理基础。

与此同时，我们也应当看到，由于自然环境、社会历史传统等方面客观存在的差异，古代地中海世界与华夏世界的政治理想与贤君形象也体现了各自的鲜明特色。伊索克拉底笔下的埃瓦格拉斯一世具有柏拉图、色诺芬语境中典型的哲学王特征，这种哲学思辨色彩在《国语》《史记》对越王勾践的记述中是缺失的或被隐含的。越王勾践鼓励生育的经济举措也体现了春秋末年至战国初期各诸侯国展开激烈人口竞争的特定历史背景；类似的思想虽曾在柏拉图《理想国》等著作中出现，但其具体化与严格程度却远不及越王勾践的人口政策。文化差异性的客观存在并不一定会构成影响各民族平等、和谐交往的障碍，甚至可能会在一定程度上成为促进各国互通有无、优势互补的契机。在当前这样一个机遇与挑战并存的全球化时代里，各国人民应当求大同、存小异，加强合作与交流，尊重合作对象与竞争对手的独特性。这也是古希腊与古代中国传记体裁发展历程的异同为我们提供的一点重要启示。

"一带一路"研究:经验研究视角

"一带一路"倡议与欧亚区域合作

邢广程[*]

摘要："一带一路"贯穿亚欧非大陆，欧洲是"一带一路"倡议的重要合作伙伴，倡议为经济发达的欧洲和经济活跃的亚洲之间进行制度性安排和深度合作提供平台，推进欧亚区域合作始终是"一带一路"倡议的重要空间。进一步挖掘古丝绸之路的历史价值，是促进当今欧亚区域文化融通的必要前提。加强基础设施互联互通建设是解决欧亚区域仍然通而不畅，提升欧亚互联互通水平的基本路径。欧亚地区投资和贸易壁垒现象仍比较严重，极大阻碍了欧亚区域经济合作与发展，为此应重点解决欧亚区域贸易投资非便利化的问题，提出有针对性的方案。民心相通是夯实欧亚区域合作的基础工程。在"一带一路"倡议框架内，中国与欧亚经济联盟进行对接对深化欧亚区域合作发挥重要作用。近年来疫情背景下的上海合作组织成员国在经贸合作、投资金融、交通运输等方面展现出积极诉求，推进欧亚区域合作需进一步发挥上合组织的重要平台

---

[*] 中国社会科学院学部委员，中国社会科学院中国历史研究院中国边疆研究所所长、研究员，中国社会科学院大学（研究生院）特聘教授、博士生导师，博士后合作导师。

作用。

关键词："一带一路"倡议；欧亚区域合作；互联互通；欧亚经济联盟；上海合作组织

一 欧亚区域是"一带一路"倡议的重要合作空间

在中国政府发布的《推动共建丝绸之路经济带和21世纪海上丝绸之路的愿景与行动》中明确表示："'一带一路'贯穿亚欧非大陆，一头是活跃的东亚经济圈，一头是发达的欧洲经济圈，中间广大腹地国家经济发展潜力巨大。"丝绸之路经济带的重要指向就是欧洲，这里有两个重要线路：一是中国经中亚、俄罗斯至欧洲北部地区——波罗的海；二是中国经中亚、西亚到波斯湾和地中海——欧洲南部地区。21世纪海上丝绸之路重点指向也是欧洲，即从中国沿海港口过南海到印度洋，延伸至欧洲。[①] 这表明，欧洲是"一带一路"倡议的重要合作伙伴，正因为欧洲是经济发达地区，而亚洲又是经济发展极为活跃的区域，需要相互之间进行制度性安排和深度合作，而"一带一路"倡议就为欧亚区域合作提供了非常适合的平台。

冷战结束后，经济全球化浪潮不断推进，给世界发展带来了机遇。在经济全球化大潮面前，欧亚地区的区域合作也在不断深化，亚洲经济区域合作的趋势非常明显，区域全面经济伙伴关系协定（RCEP）、中日韩自贸区机制的不断推进、欧亚经济联盟的不断深化，就连欧盟成立并不断发展也是欧亚地区经济区域合作的重要标

[①] 国家发展改革委、外交部、商务部：《推动共建丝绸之路经济带和21世纪海上丝绸之路的愿景与行动》，《光明日报》2015年3月29日。

志，尽管英国"脱欧"，但这并不能改变欧亚地区经济区域合作的势头。因此，"一带一路"倡议是顺应经济全球化和欧亚经济区域合作化发展趋势的。虽然目前有的国家试图阻止经济全球化浪潮，但世界大势难以阻挡，"一带一路"倡议已在欧亚空间得到了十分强烈的回应。

经过几年的实践，"一带一路"倡议在世界范围内得到很好的反响，成为全球治理的重要合作平台和重要方式。"一带一路"倡议是一个开放性合作方案，世界上任何国家和国际组织愿意在"一带一路"倡议下与中国进行合作，我们都是欢迎的，因此"一带一路"倡议具有全球性的意义。但"一带一路"倡议的全球性并不排斥其区域的重点性，而欧亚空间则是"一带一路"倡议十分关键的合作和推进空间。

在"一带一路"倡议框架内，欧亚区域合作空间中有三个板块需要关注，它们起到了重要的支撑作用，即亚洲、欧亚和欧洲。亚洲的中日韩＋印度＋东盟，成为亚洲发展的支撑点，欧洲则以欧盟为主要载体，构成了世界经济发展的发达地区。"一带一路"倡议在欧洲又生成了一个新的合作平台，即中国—中东欧国家合作机制。而以俄罗斯为主导的欧亚经济发展与合作空间则是活跃的亚洲和发达欧洲的重要衔接区域。

因此，丝绸之路经济带中的六条经济走廊和 21 世纪海上丝绸之路的重要合作方向都与上述欧亚合作空间具有极其密切的关联性，是串联欧亚区域合作的重要纽带。完全可以认为，"一带一路"倡议是中国与世界进行深度互动的合作方案，是中国与其他欧亚区域国家进行多层次合作的重要平台，是实现欧亚地区命运共同体的有效载体。

二 深挖古丝绸之路的历史价值

古丝绸之路是连接亚欧非三大洲之间的古代文明之路。古丝绸之路对东西方商贸往来起到了十分重要的沟通作用。据考古资料记载，公元前6世纪至公元前5世纪，丝绸已从中国传入希腊。欧洲、中亚、西亚和中国中原地区的经贸往来促进了古丝绸之路走向繁荣。还要看到，公元前6世纪中期，横跨亚欧非三大洲的波斯帝国，为东西方的经济和文化交流奠定了基础。公元前334年，亚历山大东征，大量希腊人和马其顿人随其来到中亚地区，这客观上促进了古代欧亚地区的交流，对丝绸之路的延展起到了促进作用。公元前138年，汉武帝派张骞出使西域，开辟了通往西域的通道，完成"凿空"创举。此后，丝绸之路便成为东西方交流的重要通道。公元97年，甘英受班超派遣出使大秦（罗马帝国），抵达西海（今波斯湾）沿岸，他虽未能到达大秦，但沿途了解了许多罗马帝国的情况。与此同时，罗马帝国商人也沿丝绸之路到达东汉都城洛阳。这些情况表明，丝绸之路在古代扮演亚欧大陆便捷的经济和文化交流的大通道作用。古丝绸之路，跨越2000多年，既有陆上丝绸之路，也有海上丝绸之路。陆上丝绸之路在古代也经常被称为"皮毛之路""玉石之路""珠宝之路"和"香料之路"等。

"丝绸之路"一词是由德国地理学家李希霍芬1877年最早使用的。这表明丝绸是当时东西方交流的重要标志性商品。当然，东西方通过古丝绸之路进行贸易的不仅仅是"丝绸"这一种商品。西方传入中国中原地区的主要有胡麻、胡桃、石榴、葡萄、琥珀等，中国传入西方的主要有丝绸、茶叶、瓷器、漆器等，但丝绸确实在东西方贸易往来中是最具有代表性的商品。在中亚，索格狄亚那的商人从事丝绸贸易活动。

丝绸之路也是古代欧洲和亚洲文化交流的重要通道。中国古代"四大发明"通过古丝绸之路相继传入西方。萨珊王朝的城市建筑具有东西方文化混合的特征。中西亚文化对唐朝文化的影响比较大。明代郑和七下西洋，传播了中国文化，促进了中国中原王朝与南亚、西亚、欧洲和北非的经济和文化交流。

古丝绸之路促进了多种宗教的传播和交流。佛教、琐罗亚斯德教、基督教、摩尼教和道教都曾在丝绸之路沿线地区进行传播。唐玄奘西天取经，推动了唐朝与西域和印度的交流。随着阿拉伯帝国的崛起，伊斯兰教逐步向东扩大影响。

因此，古丝绸之路具有重要的历史价值和文化价值，揭示了欧亚不同文明之间交流的历史线索和纹路。所以，当今欧亚区域各国应进一步挖掘古丝绸之路的历史文化价值，弘扬古丝绸之路的交流融合的基本价值，促进欧亚区域的文化融通。还要看到，西汉是"凿空"西域的重要时期，古丝绸之路的开通和繁荣为欧亚文明的交流互鉴起到了重要的促进作用。现在中国提出"一带一路"倡议，具有历史延续性和历史逻辑性。冷战结束后，欧亚一些国家不断提出复兴古代丝绸之路的各种建议，如吉尔吉斯斯坦和土耳其等国多次提出复兴丝绸之路。2013年中国正式提出"一带一路"倡议是有深刻的历史背景和现实动因的。尽管人类进入了21世纪，但构建现代丝绸之路依然需要欧亚地区各国的合作。

三 欧亚区域的互联互通

"一带一路"倡议中一个非常重要的概念就是"互联互通"。我们经常提到的"一带一路"倡议中的"五通"就有"设施联通"这个重要内容。基础设施的互联互通是"一带一路"倡议构建的优先领域。

为什么要构建欧亚地区基础设施的互联互通？是因为人类进入了21世纪，科学技术有了飞速进展，经济全球化进程和区域合作化的进程不断向纵深方向发展，而亚欧大陆到目前为止还没有一条横贯大陆的、标准化的高速公路和高速铁路。亚欧大陆的次区域空间的基础设施的联通程度尚待提高，互联互通程度不高现象严重阻碍了欧亚区域的相互联系和沟通。欧亚地区基础设施还存在通而不畅的现象，这也制约了欧亚地区的经济合作，这些问题需要欧亚空间的各国共同合作加以解决。"一带一路"倡议就包含解决这些问题的途径和方案。

"一带一路"倡议提出了构建六条经济走廊，即新亚欧大陆桥、中蒙俄、中国—中亚—西亚、中国—巴基斯坦、孟中印缅、中国—中南半岛国际经济合作走廊，旨在实现亚欧区域基础设施完善，推动陆海空通道网络基本形成，使欧亚大陆互联互通水平跃上新台阶。

"一带一路"倡议将解决交通基础设施的关键通道、关键节点和重点工程作为优先方面，首先打通缺失路段，畅通基础设施的瓶颈路段，同时在道路安全防护设施和交通管理设施设备方面加以完善，以提升区域间道路通达水平。这意味着"一带一路"倡议的沿线国家在基础设施建设规划、技术标准体系的对接等方面进行深度合作，共同推进欧亚国际干线通道的建设，逐步推进连接亚洲各次区域的基础设施网络。在构建"一带一路"框架下的基础设施互联互通方面，还要与相应的"软件"互联互通相匹配，建立统一的全程运输协调机制，促进欧亚地区国际通关、换装、多式联运样式的有机对接，不断完善兼容规范的运输规则，促进欧亚地区的国际运输便利化。在强化欧亚地区基础设施构建进程中还要以绿色低碳化建设和运营管理为原则。

在构建欧亚区域间基础设施的互联互通方面，应逐步推动各国口岸基础设施建设，推进节点港口合作建设，疏通区域间陆水联运通道，增加海上航线和班次，增强海上物流信息化数字化领域的深度合作。还要逐步建立民航领域的全面合作平台和机制，不断提升航空基础设施水平。欧亚区域的能源基础设施互联互通合作潜力巨大，而共同维护输油、输气管道等运输通道安全的任务也十分重要，在欧亚空间推进跨境电力与输电通道建设，积极开展欧亚区域电网升级改造合作十分必要和迫切。还要看到，推进欧亚互联互通不能忽视跨境光缆等通信干线网络建设问题，应不断提高国际通信互联互通水平。在推进"一带一路"倡议进程中必须有"信息丝绸之路"的理念，因此欧亚区域应不断推进双边跨境光缆等建设，推进建设欧亚空间以及欧亚空间与其他地区的洲际海底光缆项目，完善空中信息通道，扩大信息交流与合作空间和范围。

四 欧亚区域贸易投资便利化

贸易投资便利化是"一带一路"建设的重点内容。

尽管经济全球化趋势不可阻挡，但从实际情况看，欧亚地区投资和贸易壁垒现象还比较严重，一些国家的营商环境尚需改善，技术性贸易措施透明度不高，贸易自由化便利化水平不高。欧亚地区贸易领域比较狭窄，贸易结构不够优化，缺乏贸易新增长点，贸易失衡问题比较突出。沿线国家在信息互换、监管互认方面存在不少问题，检验检疫、认证认可、标准计量、统计信息等方面沟通不畅。这些问题如不能采取措施加以克服和解决，则会持续阻碍欧亚地区的经济合作与发展。

正因为如此，"一带一路"倡议突出贸易投资便利化问题，重点解决贸易投资的非便利化问题，提出解决贸易投资便利化问题的有针对性的方案。

第一，欧亚区域相关国家应降低通关成本，提升通关能力，重点是改善自身的边境口岸通关设施条件，加快边境口岸"单一窗口"建设。第二，欧亚区域相关国家应在供应链安全与便利化方面加强合作，不断协调跨境监管程序，核查检验检疫证书国际互联网，实施"经认证的经营者"（AEO）的互认样式。第三，沿线各国应创新贸易方式，顺应投资便利化进程，消除投资领域的政策性和制度性壁垒，健全和完善服务贸易促进体系，在扩大传统贸易规模的基础上，着力发展现代服务贸易，发展新的商业业态，鼓励跨境电子商务。第四，沿线国家应签署双边投资保护协定，以避免双重征税和保护投资者的合法权益。伙伴国应相互开放投资领域，进行深度合作，把投资和贸易有机结合起来，以投资助推贸易发展。第五，沿线国家应在能源资源合作方面形成上下游一体化的比较完整的产业链。加强能源资源深加工技术、装备与工程服务等领域的全方位合作。第六，沿线国家应在新一代信息技术、生物、新能源、新材料等新兴产业领域加强合作，优化产业链分工布局，协同发展上下游产业链和关联产业，增强区域产业配套能力和综合竞争力。第七，沿线国家应探索投资合作新模式，在经贸合作区、跨境经济合作区等各类产业园区方面进行通力合作，促进产业集群发展。第八，沿线国家应注重生态文明理念，共建绿色丝绸之路。第九，"一带一路"倡议还协助世界贸易组织，积极推动该组织《贸易便利化协定》的生效和实施。

在促进贸易投资便利化方面，中国与欧亚国家进行了卓有成效的不懈探索，中欧班列的开通和持续运行就是其中最具有典型性的案例。在欧亚基础设施没有大的改变的情况下，中国通过与欧亚相关国家在制度、规则、条件和理念等方面进行融合与协作，从而产生了巨大的经济效应和社会影响。现在中欧班列模式已经成为助推欧亚区域深度合作的重要方式，在2020年欧亚区域抗疫方面起到了非常重要的保障作用。

五　民心相通的重要意义

"一带一路"倡议旨在继承古丝绸之路的友好合作精神，注重与沿线国家开展文化交流、学术往来、科技合作等，以夯实欧亚区域合作的民意基础。《推动共建丝绸之路经济带和 21 世纪海上丝绸之路的愿景与行动》中明确表示，中国将扩大相互间留学生规模，每年向沿线国家提供 1 万个政府奖学金名额。中国与沿线国家间互办文化年和艺术节等活动，联合申请世界文化遗产。深化与沿线国家的旅游合作，打造具有丝绸之路特色的旅游线路和旅游产品。该文件还明确表示，要"强化与周边国家在传染病疫情信息沟通、防治技术交流、专业人才培养等方面的合作，提高合作处理突发公共卫生事件的能力"。[①] 在 2020 年全球新冠疫情蔓延的态势下，这条建议具有很强的预见性。

民心相通还要着力提高沿线国家的科技合作水平，共建国际技术转移中心、合作开展重大科技攻关，提升科技创新能力。整合欧亚区域资源，为青年就业和创业提供帮助，实施职业技能开发。

加强沿线国家政党、议会交往、立法机构、主要党派和政治组织的交流力度。加强中国与沿线国家重要城市之间的深度交流，互结友好城市，将人文交流放到重要位置。加强中国与沿线国家智库之间的协同研究与合作。加强沿线国家民间组织的交流合作，加强文化领域的国际交流合作，构建友好的文化生态和舆论环境。

[①] 国家发展改革委、外交部、商务部：《推动共建丝绸之路经济带和 21 世纪海上丝绸之路的愿景与行动》，《光明日报》2015 年 3 月 29 日。

"一带一路"倡议是构建人类命运共同体的重要载体。民心相通要遵循两个重要原则，一是要尊重世界文明多样性，二是要促进世界多样文明的互通互融和互鉴。如果欧亚地区国家之间民心相互不通，相互隔膜和猜疑，甚至相互对立，即便基础设施畅通也达不到相应的效果。实际上，在"五通"中民心相通最为重要，也最难做到，不久久为功是达不到目的的。正因为如此，首届"一带一路"国际合作高峰论坛所公布的《中国社会组织推动"一带一路"民心相通行动计划（2017—2020）》[①] 提出了民心相通的路线图和工作方案，这为民心相通工作的进一步推进提供了政策支撑。

在民心相通工作中，除了充分发挥政府主导作用外，还应最大限度地发挥欧亚地区民间力量，借助各种非政府组织和智库等平台，营造良好的民意氛围，重点是为欧亚地区民众的相互了解创造条件。没有相互了解就没有相互理解；没有相互了解就很难做到相互信任；没有相互了解就不能拆掉"隔阂"，因此要超越狭隘的民族主义乃至民粹观念，各国合作增进民众之间的相互交流。在这方面大众旅游是一个非常重要的合作方式，欧亚地区的各类智库和大学也应该起到积极的推动作用。

在欧亚地区推进民心相通，还要着力克服各种政治、文化和思想上的偏见，在国与国交往中，不能干涉其他国家的内部事务，更不能以维护"人权""民主"为借口推行西方的价值观和意识形态，动不动就搞"颜色革命"。只有欧亚地区超越政治的、文化的、思想上的偏见，欧亚区域的民心相通才能在深层次上得到体现。

---

① 中国民间组织国际交流促进会：《中国社会组织推动"一带一路"民心相通行动计划（2017—2020）》，2017年5月20日，一带一路国家级信息服务平台"新华丝路"，https://www.imsilkroad.com/news/p/95377.html.

六 "一带一路"倡议与欧亚经济联盟对接

2015年5月8日,中俄签署《关于丝绸之路经济带建设和欧亚经济联盟建设对接合作的联合声明》。在声明的第一条表达了以下几层意思:第一,俄方支持丝绸之路经济带建设,愿与中方密切合作,推动落实该倡议;第二,中方支持俄方积极推进欧亚经济联盟框架内一体化进程,并将启动与欧亚经济联盟经贸合作方面的协议谈判;第三,双方将共同协商,努力将丝绸之路经济带建设和欧亚经济联盟建设相对接,确保地区经济持续稳定增长,加强区域经济一体化,维护地区和平与发展;第四,双方将秉持透明、相互尊重、平等、各种一体化机制相互补充、向亚洲和欧洲各有关方开放等原则,通过双边和多边机制,特别是上海合作组织平台开展合作。[①]

中俄达成共识:第一,启动中国与欧亚经济联盟对接丝绸之路经济带建设与欧亚经济一体化的对话机制;第二,组织双方专家学者就开辟共同经济空间开展协作进行讨论;第三,两国外交部牵头成立工作组,进行合作;第四,通过中俄总理定期会晤机制及其他双边合作机制,加以监督。

2018年5月17日签署的《中华人民共和国与欧亚经济联盟经贸合作协定》已经生效[②],中国与欧亚经济联盟在非歧视原则基础上提升贸易水平,实施"包容性参与的、开放的、连续的且可预见的贸易政策"。该协定是实现"一带一路"倡议与欧亚经济联盟对

[①] 《中华人民共和国与俄罗斯联邦关于丝绸之路经济带建设和欧亚经济联盟建设对接合作的联合声明》,2015年5月9日,中华人民共和国外交部官网,https://www.mfa.gov.cn/web/zyxw/201505/t20150509_332696.shtml。

[②] 《关于2018年5月17日签署的〈中华人民共和国与欧亚经济联盟经贸合作协定〉生效的联合声明》,2019年10月25日,新华网,http://www.xinhuanet.com/politics/2019-10/25/c_1125154042.htm。

接的又一个重要举措，有助于推动"一带一路"倡议与大欧亚伙伴关系倡议的协调发展。

中国与欧亚经济联盟在"一带一路"框架内进行深度合作是有深刻背景的。欧亚经济联盟由亚美尼亚共和国、白俄罗斯共和国、哈萨克斯坦共和国、吉尔吉斯共和国和俄罗斯联邦组成。2013年习近平主席在哈萨克斯坦首次提出构建丝绸之路经济带的倡议。随后，与哈萨克斯坦提出了"光明大道"计划与中国的丝绸之路经济带倡议进行对接，充分表明中哈旨在推进区域经济合作，① 中国与白俄罗斯也在"一带一路"倡议框架内实施深度合作，中白"巨石"工业园区在扎实推进。还需要指出的是，中俄新时代全面战略协作伙伴关系的发展和深化是欧亚区域合作的重要推进因素。2020年中俄外交部长联合声明明确表示，中俄将继续推进"一带一路"建设和欧亚经济联盟对接，促进亚欧大陆区域互联互通和经济发展。双方重申致力于推进"一带一路"倡议和"大欧亚伙伴关系"并行不悖、协调发展。②

现在新冠疫情在全世界蔓延，欧亚地区各国需要协同努力，一方面要共同抗疫，另一方面要通力合作，遏制因疫情而引起的经济下行趋势，采取更加积极的合作态度，共同推动经济复苏和发展，只有这样欧亚地区才能保持稳定和繁荣。

七　上海合作组织的平台作用

上海合作组织是"一带一路"倡议实施的重要合作平台。该组

---

① Послание Главы государства народу Казахстана "НУРЛЫ ЖОЛ – ПУТЬ В БУДУЩЕЕ", 11 ноября 2014 года, Официальный сайт президента Республики Казахстан, https://www.akorda.kz/ru/events/astana_kazakhstan/astana_other_events/poslanie-glavy-gosudarstva-narodu-kazahstana – 1.

② 《中华人民共和国和俄罗斯联邦外交部长联合声明》，2020年9月11日，中华人民共和国外交部官网，https://www.mfa.gov.cn/web/wjbzhd/202009/t20200911_361541.shtml。

织成员国致力于加强电信、信息技术和创新等领域的合作，致力于为本地区经贸和投资合作创造良好条件，逐步实现本组织范围内的商品、资本、服务和技术的自由流通。2018年6月10日签署的《上合组织成员国元首关于贸易便利化的联合声明》，旨在解决本地区贸易便利化问题，为推进本地区贸易、产能、交通、能源、金融、投资、农业、海关等方面的合作提供了政策支撑。①

上海合作组织支持"一带一路"倡议，统一共同实施"一带一路"倡议，支持"一带一路"倡议与欧亚经济联盟建设对接。《上合组织成员国多边经贸合作纲要》的签署②具有重要意义，这表明该组织孕育着巨大经贸和投资合作潜力。该组织《关于数字化和信息通信技术领域合作的构想》《关于在数字化时代发展偏远和农村地区的合作构想》《关于加强数字经济领域合作的声明》③ 具有重要现实意义，表明该组织关注数字经济的发展趋势。

上合组织对投资和金融等领域的合作表现出很大的兴趣。该组织成员国支持继续商谈建立上合组织开发银行和发展基金（专门账户）问题，通过《扩大本币结算路线图》和《关于扩大上合组织区域本币使用的共同立场》的倡议。④ 上合组织实业家委员会和银行联合体支持

---

① Совместное заявление глав государств – членов Шанхайской организации сотрудничества по упрощению процедур торговли, 10 июня 2018 года, Официальный сайт ШОС, rus. sectsco. org.
② Московская декларация Совета глав государств – членов Шанхайской организации сотрудничества, 10 ноября 2020 года, г. Москва.
③ См. Совместное Коммюнике по итогам девятнадцатого заседания Совета глав правительств（премьер – министров）государств – членов Шанхайской организации сотрудничества, 30 ноября 2020 года, Официальный сайт ШОС, http：//rus. sectsco. org/news/20201130/696046. html, и Московскую декларации Совета глав государств – членов Шанхайской организации сотрудничества, 10 ноября 2020 года, г. Москва.
④ См. Совместное Коммюнике по итогам девятнадцатого заседания Совета глав правительств（премьер – министров）государств – членов Шанхайской организации сотрудничества, 30 ноября 2020 года, Официальный сайт ШОС, http：//rus. sectsco. org/news/20201130/696046. html.

实业界合作倡议，支持本地区金融、高科技、基础设施互联互通、能源、投资等领域合作项目。2020年，在全球新冠疫情蔓延的情况下，上海合作组织合作抗疫，签署《关于克服新冠疫情对各成员国经济影响的路线图》①，表明该组织将一面抗疫一面着力发展本地区的经济合作。

2017年1月通过的《上合组织成员国政府间国际道路运输便利化协定》和《上合组织成员国政府间关于建立和运行交通运输一体化管理系统框架协定》草案明确阐述了各方在交通运输方面的利益诉求，表明该组织致力于交通运输一体化的问题。②需要强调的是，上合组织秘书处与联合国欧洲经济委员会2020年2月27日共同举办了"在欧亚洲际运输走廊沿线落实2030年可持续发展议程"圆桌会议，③这表明欧亚洲际运输走廊构建问题得到了应有的重视。为提高上合组织地区交通互联互通水平，成员国支持新建和改造本地区现有国际多式联运物流中心。最近几年乌兹别克斯坦对中亚的互联互通问题十分关注，乌兹别克斯坦关于在联合国主导下在中亚建立发展互联互通地区中心的倡议，关于《上合组织成员国发展互联互通和建立高效交通走廊构想》草案的倡议都表明该国重视中亚地区的互联互通问题。上海合作组织成员国对乌兹别克斯坦相关互联互通倡议表现出很大的兴趣。④

---

① Дорожная карта МБО ШОС по преодолению последствий пандемии для экономик организации, 30 октября 2020 года, г. Москва.

② Московская декларация Совета глав государств – членов Шанхайской организации сотрудничества, 10 ноября 2020 года, г. Москва.

③ 《上海合作组织成员国元首理事会莫斯科宣言》，2020年11月10日，中华人民共和国外交部官网，https：//www. fmprc. gov. cn/web/gjhdq_676201/gj_676203/yz_676205/1206_676308/xgxw_676314/202011/t20201110_7971338. shtml。

④ См. Совместное Коммюнике по итогам девятнадцатого заседания Совета глав правительств (премьер – министров) государств – членов Шанхайской организации сотрудничества, 30 ноября 2020 года, Официальный сайт ШОС, http：// rus. sectsco. org/news/20201130/696046. html, и Московскую декларации Совета глав государств – членов Шанхайской организации сотрудничества, 10 ноября 2020 года, г. Москва.

"一带一路"倡议旨在推进欧亚地区的经济合作和人文合作走向深化,旨在构建命运共同体。2020年11月10日,习近平主席在上合组织成员国元首理事会第二十次会议上呼吁,弘扬"上海精神",深化团结协作,构建更加紧密的命运共同体。[①] 习近平主席强调,各国要加强抗疫合作,携手构建卫生健康共同体、安全共同体、发展共同体、人文共同体,为推动构建人类命运共同体进行探索。

　　总之,"一带一路"倡议需要在欧亚区域相关国家和组织进行深度合作,为欧亚区域的发展和繁荣做出贡献。在全球新冠疫情还在蔓延的当下以及在后疫情时代,欧亚区域面临一系列新情况和新问题,这就需要欧亚区域的利益相关方积极合作,共建欧亚区域命运共同体。

---

　　① 习近平:《弘扬"上海精神" 深化团结协作 构建更加紧密的命运共同体——在上海合作组织成员国元首理事会第二十次会议上的讲话》,《光明日报》2020年11月11日。

"一带一路"法律风险的特征及防范对策

莫纪宏[*]　孙南翔[**]

摘要：本文立足于笔者在"一带一路"沿线国家和中国周边国家的实际调研获得的第一手资料，对目前中国企业在"一带一路"投资、工程承揽和商贸中出现的各类法律风险进行科学分类，并详细分析诱发上述法律风险的制度原因、社会因素以及各种主客观影响因素，特别是对"一带一路"国家关于投资、工程承揽和商贸的立法的完善性、执法的严格性和司法的公正性进行深入分析，指出了中国企业投身"一带一路"建设必须要事先了解域外的各种法律制度、权益保障机制、环境的可靠性以及相关的法律文化传统等风险因素。与此同时，还应当积极地与中国驻外使领馆法律服务或商务服务机构保持密切联系，寻求中国法律服务机构或者是境外法律机构的有效帮助，充分利用目前的国际仲裁机制，依法维护自身的合法权益。

---

[*] 中国社会科学院法学研究所所长、研究员，中国社会科学院大学法学院院长、教授、博士生导师，国际宪法学协会终身名誉主席，中国法学会学术委员会委员，中国宪法学研究会常务副会长。

[**] 中国社会科学院国际法研究所助理研究员。

只有树立合规经营意识，对各种项目的法律可行性进行充分细致地论证，才能有效地避免各种投资、工程承揽和经贸风险。此外，适应维护海外中国企业和公民权益的要求，需要建立起针对中国企业和公民的全球性法律服务网络和联盟，只有法律服务有效跟进，"一带一路"倡议的落实才能稳扎稳打、久久为功。

关键词："一带一路"倡议、法律风险、防范对策、"一带一路"沿线国家、中国周边国家

2013年，习近平总书记提出共建"丝绸之路经济带"和"21世纪海上丝绸之路"的倡议，得到国际社会广泛关注和积极响应。7年来，"一带一路"倡议下的"六廊六路多国多港"互联互通架构基本形成，"一带一路"倡议日益深入人心。截至2023年1月底，中国已与151个国家和32个国际组织签署197份"一带一路"合作文件。[①] 共建"一带一路"国家已由亚欧延伸至非洲、拉美、南太平洋等区域。"一带一路"倡议的积极参与者不仅包括发达国家、发展中国家，还包括最不发达国家以及一批与中国合作开拓第三方市场的跨国企业、金融机构。

"一带一路"倡议成为中国为世界经济发展和全球治理提供的智慧方案。无论是从发展规模和覆盖范围，还是从国际影响力来评价，"一带一路"倡议已成为当前全球经济发展的主要推动力。2019年，中国与"一带一路"沿线国家进出口总值达9.27万亿元，同比增长10.8%。[②] 2020年，新冠疫情全球暴发导致各国面

---

① 《已同中国签订共建"一带一路"合作文件的国家一览》，中国一带一路网，https://www.yidaiyilu.gov.cn/xwzx/roll/77298.htm。

② 《2019年中国与"一带一路"沿线国家进出口增长10.8%》，2020年1月15日，中国一带一路网，https://www.yidaiyilu.gov.cn/xwzx/gnxw/115426.htm。

临抗疫情、稳经济、保民生的艰巨任务。即使在全球范围疫情尚未得到全面控制的情况下，2020年前三季度，中国企业对"一带一路"沿线国家非金融类直接投资130.2亿美元，同比增长29.7%，在"一带一路"沿线国家新签承包工程合同额高达837.1亿美元。① 这充分表明，推动"一带一路"倡议的有效实施对于中国企业"走出去"以及建立适应经济全球化的趋势的新型国际经济秩序、造福于全球经济的发展和增长具有非常明显的带动作用。

无论从地理方位、自然环境还是相互关系看，"一带一路"沿线国家，特别是中国的周边国家，对于"一带一路"倡议的顺利推进和有效实施都具有极为重要的战略意义。在经济上，中国周边地区是中国开展互联合作与发展经济的首要合作伙伴，更是"一带一路"倡议、构建"人类命运共同体"的重点和示范区域。本文围绕着中国企业在"一带一路"沿线国家，特别是在周边地区的投资、项目承揽和经贸活动所存在的法律风险进行较为系统的分析，找出其中主要的法律风险点，并提出有针对性的解决方案，以此为有效推动"一带一路"倡议的实施，建立有助于中国与"一带一路"沿线国家和中国周边国家在经贸往来上有效互动的法律秩序提供有益的参考建议。

一 当前影响"一带一路"倡议实施的主要法律风险点

"一带一路"沿线国家和地区覆盖近50亿人口，经济总量约

---

① 《商务部对外投资和经济合作司负责人谈2020年1—9月中国对外投资合作情况》，2020年10月19日，中华人民共和国商务部官网，www.mofcom.gov.cn/article/i/jyjl/l/202010/20201003008782.shtml。

39万亿美元。① 中国与周边国家共建"一带一路"蕴含巨大的经济发展潜力。然而，与经济利益相伴而生，推进"一带一路"建设也存在一定程度的法律风险。有研究显示，中国自2013年以来在66个"一带一路"沿线国家宣布投资的1674个基础设施项目中，迄今约14%的项目（234个）遭遇了或大或小的纠纷。② 其中，法律纠纷是中资企业在"一带一路"建设中的主要纠纷类型。

一方面，法律风险是企业内外部风险因素中的主要连接点。在百年未有之大变局的背景下，诸多政治风险和经济风险通过法律风险表现出来。另一方面，一些周边国家正处于法制建设转型期。作为国家治理的重要工具，法律更新的频率相对较快。进一步的，在法律层面，近期新冠疫情暴发使得企业面临更大的不确定性。例如，诸多国家因疫情适用国家紧急状态法律制度，这对企业识别法律提出新的要求。实际上，法律风险是企业"看得见、摸得着、解决得了"的风险，其防范有效性强。基于笔者在"一带一路"沿线国家和中国周边国家的实际调研掌握的第一手信息以及收集整理的相关文献资料，大致可以将"一带一路"法律风险点归结为法律制度层面的风险、执法行为产生的风险、争议解决层面的风险、企业合规领域的风险四个主要领域的法律风险。

（一）法律制度层面的风险

中国海外投资在法律制度层面的挑战体现在：一些国家的贸易、投资领域存在立法空白，一些国家的相关法律政策明显滞后，一些国家的相关法律缺乏实施细则难以执行，一些国家的法律法规

---

① 曾赛星、林翰：《"一带一路"基础设施建设的中国担当》，《光明日报》2017年4月25日。

② 金奇：《89%"一带一路"承建商是中资企业》，2018年1月25日，金融时报中文网，http://www.ftchinese.com/story/001076078？archive。

公开性不足。比如，缅甸制定的部分法规不公开，法律法规很少翻译为英文，中文更少，公众所能查到的缅甸法律中文版大多已修改或失效，这给中资企业遵守当地法律制度带来了很大的困扰。除上述共性的法律挑战外，中国赴周边国家投资的法律制度风险突出体现在如下三个方面。

1. 法律规范标准不协同产生的风险

海外投资应遵守当地法律法规、政府政策和社会习俗。但共建"一带一路"国家、特别是中国周边国家法律体系非常繁杂，其至少涉及伊斯兰法系、英美法系以及大陆法系三大法系，以及印度教法、佛教法、苏联法、东盟法、世贸组织法等法源。[①] 由于共建"一带一路"国家法律制度、法律理念同中国有差异，这增大了经贸合作的风险和成本。例如，近年来，全球至少近90个国家和地区制定了新的个人信息保护法律法规，这对中国科技企业"出海"提出法律识别上的新任务。

"一带一路"沿线国家和中国周边国家的商事法律制度规范与中国并不一致，这将导致适用具体规范标准上的不统一。例如，在新冠疫情全球"大流行"期间，由于部分海外投资项目人员无法入境、设备物资无法顺利通关，甚至有部分境外工程承包项目业主拒绝承包商与中国分包商和供应商签署分包、设备供货合同，这可能导致中国企业无法按时履行合同。履约风险成为中国海外企业面临的严峻挑战。在此背景下，诸多企业援用"不可抗力"[②] "情势变更"等法律规则抗辩权利诉求。

---

① 何佳馨：《"一带一路"倡议与法律全球化之谱系分析及路径选择》，《法学》2017年第6期。

② 鉴于本次疫情可能导致大量涉外贸易合同无法按约定履行，根据国务院批准的《中国国际贸易促进委员会章程》，中国国际贸易促进委员会可以出具不可抗力事实性证明书。此外，中国纺织、轻工、五矿、食土、机电、医保等商会也可申请办理与不可抗力相关的事实性证明。

值得注意的是，对于"不可抗力"的解释和适用，各国不尽一致。① 新冠疫情是否构成不可抗力，应先通过当事人的"意思自治"进行解决。对不可抗力的援引应先考察涉外经贸合同中确定的条款与条件，并应结合各国对不可抗力的解释及各国新冠疫情持续时间等客观事实。实践中，对不可抗力的援引也有一定的难度。② 进一步来讲，在中国新冠疫情得到有效控制的背景下，中国企业一味援引"不可抗力"条款也可能产生经济利益的损失。

2. 外商投资法律规则变动产生的法律风险

近年来，以美欧为代表的主要经济体以国家安全为名，强化对外商投资的安全审查力度。③ 在西方贸易保护主义的影响下，一些"一带一路"沿线国家和中国周边国家修改外商投资法律制度，对外商投资施加更为严格的制度规范，甚至有极个别国家试图"定向"限制中国的投资活动。

2019 年 11 月，日本通过对《外汇及外国贸易法》（Foreign Exchange and Foreign Trade Act）的修改，其将外国投资者并购日本上

---

① "不可抗力"一般指合同订立后发生的当事人在订立合同时不能预见、不可避免、不可控制的意外事件，导致合同不能履行或不能按期履行。

② 根据联合国国际贸易法委员会关于《联合国国际货物销售合同公约》（United Nations Convention on Contracts for the International Sale of Goods）的判例法摘要汇编，当事人"在诉讼中经常会援引《联合国国际货物销售合同公约》第 79 条，但成功的例子并不多。在 5 个判例中，卖方成功地要求免除未履行义务的责任，但至少在另外 27 个判例中，法院驳回了卖方的免责要求。买方也 4 次被准予按照第 79 条规定免除责任，但至少在另外 14 个判例中此种请求被驳回"。参见浙江省国际商会《抗击疫情，浙江省国际商会法专委来"智援"——"新冠疫情"下涉外企业能否援引不可抗力事由抗辩？》，http：//www.ccpitzj.gov.cn/article/12970.html。

③ 例如，美国于 2018 年 8 月通过《外国投资风险评估现代化法》（Foreign Investment Risk Review Modernization Act）后，于 2020 年 2 月正式实施《外国投资风险评估现代化法》实施细则，要求对影响美国公司决策、或者对关键技术和数据获得实质性权利的投资行为予以审查。欧盟于 2019 年 4 月颁布的《欧盟外商直接投资审查条例》（Framework for Screening of Foreign Direct Investments into the European Union）确立了对外商直接投资的审查框架，2020 年开始在欧盟范围实施后，对外国企业投资欧盟能源、公共卫生和机器人技术等敏感领域实施严格审查。

市公司时的事先申报标准由持股10%降为持股1%，并将外国人担任日本公司管理层等实际控制情形纳入事先申报范围。日本规定相关的重点行业包括：武器装备、飞机、太空开发、核能、石油、电力、燃气、通信、广播、供热、铁路、运输、网络安全等领域。实际上，日本《外国投资法》（Foreign Direct Investment Law）对外资并购审查本身设置了抽象的标准，而日本《外汇及外国贸易法》进一步提高了外国企业投资高端技术领域的难度。

无独有偶，印度工业和内部贸易促进部（Department for Promotion of Industry and Internal Trade）于2020年4月修改外国投资政策。印度以"防止疫情期间外资投机收购印度公司"为名，要求来自与印度陆地边境接壤的国家的投资（实体、自然人）均须通过政府审批路径实现对印度的投资。如果投资的实际控制人位于上述国家，那么该投资同样受制于如上限制性规定。简言之，除了在原有外商投资限制行业外，中国、尼泊尔、不丹和缅甸等国家在印度的其他领域的投资由此前"自动审批路径"更改为"政府审批路径"。[①] 该限制措施之前只适用于巴基斯坦和孟加拉国。因此，该投资政策对中国投资产生显著的影响，甚至被视为为中国投资"量身定制"的法律文件。

3. 新冠疫情引发的临时性限制规范的风险

2020年1月31日，世界卫生组织宣布新冠疫情构成"国际关注的突发公共卫生事件"。新冠疫情暴发导致共建"一带一路"国家对外经贸法律政策出现变动。诸多共建"一带一路"国家出于对疫情的担忧，颁布一批临时性的法律、法令、条例，并采取相关的

---

① 外商直接投资进入印度的方式分为两种，即"自动审批路径"和"政府审批路径"。"自动审批路径"是指无须经政府审批，可直接投资相关行业；"政府审批路径"则在投资前企业须得到印度政府的许可。

行政措施。这对中国企业正常的海外经贸活动产生挑战。例如，2020年1月31日，印度正式发布文件，限制口罩等个人防护物资出口。然而，2月8日，印度再次发布通告，解禁包括医用一次性口罩、医用外科口罩及除NBR手套之外的全类手套的出口，但依然禁止出口除上述物品以外的所有医用防护用品，包含个人防护服和N95口罩。经贸限制政策的频繁变动威胁国际经贸秩序的稳定性。

（二）执法行为产生的风险

在执法机制方面，与国内相比，一些"一带一路"沿线国家和中国周边国家的行政管理体制总体上效率偏低，办事积极性不高，各种审批、许可手续较为烦琐冗长，这给企业投资和项目运营带来较高的时间成本和潜在风险。例如，在新冠疫情期间，个别国家对来自中国的物资施加不必要的检疫，入境港口采取要求暂停、延期或拒绝入港等措施。当然，尽管近年来共建"一带一路"国家执法人员公然"吃拿卡要"的问题得到缓解，但在环保执法、劳工政策领域仍然存在一些灰色地带，这成为中国企业面临执法不公的风险来源。

1. 生态环境执法标准的不统一、不明确，对中国企业造成法律挑战

近年来，生态环境问题越来越引起共建"一带一路"国家的关注和重视。中国企业当前以及未来在生态环境保护方面将面临更大的风险。由于中国企业在"一带一路"建设中多涉及对外承包工程和投资，前者如高速公路和铁路等基础设施建设，占比高达65%，后者如新建或者收购钢铁、化工等重工业企业和一般性制造业企业，占比达25%，因此中资企业不可避免地需要与东道国政府的生态环境保护部门、非政府组织和当地社区居民就环保问题进行反复

沟通和磋商。不畅通的沟通与磋商极易产生许多问题，如不起眼的污染事件导致大规模群体性事件等。①

据报道，2020年2月，中国在吉尔吉斯斯坦的一项建造贸易和物流中心的投资项目被宣布暂停，其原因是当地居民的抗议。据称，当地居民担心中国投资将侵占当地的土地利益并破坏生态环境。不仅如此，中国和蒙古国在贝加尔湖等合作的个别水电站项目被暂停，其原因在于中资企业在项目投资前无法得到与当地环境和社会风险相关的真实信息。在项目开工后，当地民众因环境保护方面的担忧而反对项目建设。

共建"一带一路"国家在生态环境标准上的不统一、不明确，是造成中国企业面临生态环境保护风险的主要原因之一。以基础设施建设为例，中资企业在施工中通常需要修建辅助道路和辅助建筑等，然而，一些共建"一带一路"国家对建设辅助性设施的许可以及施工后是否应当拆除并恢复原状的相关法律并不明确，这会给施工企业带来不确定的风险。对于工业企业经营而言，实践中，尽管东道国当地政府与中资背景企业达成环境保护协议，分阶段实现环境综治，然而东道国环境保护部门以其生态环境法为依据要求中资背景企业在不合情理的时间内限期完成整改要求的情况已经出现。生态环境执法的不确定性成为中国企业在海外最大的法律风险点之一。

2. 劳工法律问题的特殊性、敏感性，对中国企业造成法律挑战

诸多共建"一带一路"国家的劳工问题与中国国内的劳工问题存在着较大的差异。在中国投资者海外投资实践中，由于经验不足、准备不充分，甚至战略定位选择错误，并不擅长应对和解决海

---

① 莫纪宏、廖凡、孙南翔：《"一带一路"法律风险防范与法律机制构建》，中国社会科学出版社2019年版，第23—24页。

外投资中的劳工问题。在此背景下，中国部分投资者与当地劳动者之间的劳动争议时有发生，稍有差池，极易导致群体性行为，如罢工、游行等。①

具体而言，一方面，由于一些共建"一带一路"国家劳动法律机制并不完善，个别企业在实践中不与劳工签订劳动合同，或仅做口头约定，这种做法极有可能引起合规风险，使得企业在劳资纠纷中处于不利局面。中资企业在与当地劳工签订劳动合同时，若没有注意并严格遵循东道国立法中关于劳动合同签订、履行方面的强制性规定，就会产生相应的法律风险。还有一些企业未能充分了解东道国对劳工当地化的最低比例要求、雇佣外籍劳工的比例限制、外籍劳工签证审批等规定，导致企业面临东道国的法律惩罚风险。进一步来讲，国外的工会组织大多能够影响企业的日常经营活动，甚至在劳动者罢工、抗议行为中发挥着举足轻重的作用。但在中国实践中，多数企业并没有构建好与国外工会等组织有效沟通的平台。因此，简单的劳工纠纷时常演变为影响较大的抗议事件。2019年11月，越南政府修订劳动法，规定从2021年开始，越南工人可自行组织工会。因此，建立与工会沟通的机制，是中国企业解决劳工风险挑战的有效方法。

另一方面，一些中资企业将国内的劳动管理制度和企业文化简单套用在当地劳动者身上，产生了劳动法律风险。劳动管理受当地文化影响较大，但个别企业强制性推行中国的管理方法。在企业劳动管理方面，中资企业大多有加班的惯例，这也为中国崇尚奋斗、拼搏的儒家文化和集体主义传统所支持。但是，一些共建"一带一路"国家的本土文化与之不同，更强调区分工作与生活，注重保障

---

① 张晓君、孙南翔：《企业海外投资的非政府性障碍及中国的对策研究》，《现代法学》2016年第1期。

个人空间。当地社会共识更倾向于享受个人生活，而非加班工作。例如，在缅甸，即便是当地收入普遍偏低，在中资企业提出双倍或三倍加班工资的情况下，诸多当地劳动者仍倾向于拒绝加班。

（三）争议解决层面的风险

2019年，中国共计有超2.75万家境内投资者在全球188个国家（地区）设立对外直接投资企业4.4万家。① 然而，与中国庞大的海外经济利益相比，中国国际经贸争端解决理念和规则的落后，日益危及中资企业在海外利益的安全。实际上，中国对共建"一带一路"国家的主要投资领域为基础设施建设和能源资源，谈判对象大多是所在国政府或者代表政府的国有企业，后者有可能扮演争议解决中的裁判员和运动员的双重角色，一旦发生法律纠纷，中资企业处于非常不利的位置。据统计，中国在海外有纠纷的案件90%在境外解决，其中90%的案件在境外败诉。②

根据世界银行发布的《2020年全球营商环境报告》，共建"一带一路"国家柬埔寨、老挝、缅甸、孟加拉国、阿富汗等处于"较低水平"；越南、印度尼西亚、吉尔吉斯斯坦、蒙古国、尼泊尔、菲律宾、塔吉克斯坦等处于"一般水平"。③ 由此可见，共建"一带一路"国家法律制度相对并不完善，营商环境有待改善。鉴此，若中资企业和公民在周边国家发生争议，其争议解决方式和法律救济途径相对较少，这构成中国企业在跨国性或国际性法律争议解决的风险因素。

---

① 海关总署：《2019年中国货物贸易进出口总值同比增长3.4%》，2020年1月14日，人民网，finance.people.com.cn/n1/2020/0114/c1004-31547735.html；商务部：《商务部等部门联合发布〈2019年度中国对外直接投资统计公报〉》，2020年9月16日，商务部官网，hzs.mofcom.gov.cn/article/date/202009/20200903001523.shtml。

② 刘东方：《中企海外仲裁逾九成败诉原因及对策》，《经济界》2015年第3期。

③ World Bank, "Doing Business 2020", https://chinese.doingbusiness.org/.

在国际机制层面，个别共建"一带一路"国家还未加入世贸组织，这些国家的法律政策不受世贸组织有关国际贸易仲裁制度的约束。一些"一带一路"沿线国家和中国周边国家还不是《纽约公约》（Convention on the Recognition and Enforcement of Foreign Arbitral Awards）的缔约国，如果出现需要国际仲裁介入的情况，即便仲裁结果有利于中方，也可能被这些国家拒绝承认或执行。《华盛顿公约》（Convention on the Settlement of Investment Disputes Between States and Nationals of Other States）是国际投资领域最有效的争端解决法律文件，但不同国家对公约的态度和执行程度大相径庭。

在东道国司法实践方面，诉讼过程冗长和裁判标准不统一，是一些周边国家司法体制的顽疾。以老挝司法体制为例，据研究，一方面，由于司法拖沓传统、法官流失严重等原因，老挝的涉外诉讼案件很难在法律规定时限内结案，拖延数月是常态，一起案件打上几年甚至十年的情况也不罕见。另一方面，在裁判案件时，老挝的不同法院往往会对相关法律条款作出不同解释，即使是在事实相似且案情相对简单的案件中也是如此。

为解决东道国争议解决的不公平、不合理问题，中国积极与共建"一带一路"国家共同探索构建更为合理的争议解决机制。2020年10月15日，作为第二届"一带一路"国际合作高峰论坛成果清单之一，"国际商事争端预防与解决组织"正式成立。国际商事争端预防与解决组织由中国贸促会（China Council for the Promotion of International Trade）、中国国际商会（China Chamber of International Commerce）联合来自亚洲、欧洲、非洲、北美洲和南美洲20多个国家和地区的45家商协会、法律服务机构、高校智库等共同发起设立，旨在为国际商事主体提供从争端预防到解决的多元化服务。不仅如此，中国也不断向周边国家分享纠纷解决经验。例如，2019年7月，"一带一路"国际商事调解中心（International Commercial

Mediation Center for the Belt and Road）在哈萨克斯坦阿斯塔纳（Astana）国际金融中心和阿拉木图（Alma-ata）分别挂牌成立调解室，以形成便利、快捷、低成本的"一站式"国际商事争端解决中心，为"一带一路"建设参与国当事人提供优质高效的法律服务。①

由此，在可预见的未来，中国企业将能选择更为公正、合理的争议解决机制，处理与共建"一带一路"国家的经贸纠纷。当然，在构建和培育公正高效、权威统一、具有国际公信力的跨国商事调解、仲裁、诉讼机制上，中国仍任重而道远。

（四）企业合规领域的风险

少数中资企业和华商在海外经营时，通过打"擦边球"、钻法律空子降低经营成本，或者通过走关系、"特事特办"获取竞争优势。这种做法固然能带来一些短期收益，但长远来看却不可持续，既给中国经营者的整体形象带来负面影响，也给企业的长期经营埋下风险隐患。在这方面，温州鞋商在俄罗斯等国的遭遇可充分说明问题。② 鉴此，中资企业的合规风险仍较为突出。

据穆迪投资的分析，中国每年对东南亚的投资和援助超过所有国际多边组织的总和以及欧盟的水平。③ 以柬埔寨为例，自2011年以来，中国成为柬埔寨最大的外国直接投资来源地。由于获得了中资企业和机构的资金支持，柬埔寨新建诸多新建筑。柬埔寨约80%的大型公共设施都由中国援建。一般而言，企业在对外承包工程中通常会将部分工程分包给其他国内或者当地承包商。这种分包做法

---

① 《"一带一路"国际商事调解中心在哈萨克斯坦成立调解室》，2019年7月5日，新华网，http://www.xinhuanet.com/world/2019-07/05/c_1210179655.htm。
② 《商务部将召开紧急会议研究俄罗斯查抄温州鞋事件》，2005年3月20日，中国新闻网，www.chinanews.com/news/2005/2005-03-20/26/552750.shtml。
③ 《德媒：中国投资对柬埔寨帮助很大》，2018年5月26日，搜狐网，https://www.sohu.com/a/233007702_731021。

在中国国内也非常普遍。基于《刑法》《招标投标法》等有关法律对工程分包和转包的限制和调整，企业在国内承包工程基本能够做到守法经营。然而，由于共建"一带一路"国家法律制度和社会文化发展程度存在差异，国内企业在一些法制不太健全的国家从事工程承包因缺乏有效监管就很难保证合法合规了，不排除个别国内企业利用投资东道国法律制度的漏洞压价转包、逃避安全生产责任。

2019年6月22日，柬埔寨西哈努克市发生在建建筑倒塌事故。该事故造成多名人员伤亡。由于发生垮塌的在建大楼由中资企业投资建设，且事故所在国柬埔寨是东南亚地区的重要共建"一带一路"国家，事故发生后，中国驻柬埔寨大使馆迅速作出回应，在表达对该起事故深感痛心的同时进一步表示，涉事的中国公民已经被柬埔寨警方控制，中方支持柬埔寨有关部门依法进行调查，支持柬埔寨对相关违法人员依法进行处理。[①] 安全生产无国界。中资企业和中资背景企业在周边国家承包工程中应遵守安全生产规范，任何违法违规行为必然会损害国内企业"走出去"的整体形象，同时也会给中国"一带一路"建设带来负面影响。

另外，中国企业在老挝的投资还出现土地等权属纠纷。一些共建"一带一路"国家不允许外国企业或个人持有或拥有本国的土地，然而个别中资企业试图通过所谓"名义上由老挝公民持有、实际上由中资企业所有"的方式占有土地。这显然违背东道国法律，在实践中遭遇诸多法律风险和权属纠纷。毫无疑问，对企业而言，只有严格遵守当地法律法规，正常经营、合规经营，才能将潜在的执法风险降到最低限度，也才能体现中资企业、中国产品、中国服务的真实竞争力，实现"一带一路"建设的可持续发展。

---

① 《中国大使馆对白马大楼坍塌事故深感痛心》，《柬华日报》2021年1月14日，http://jianhuadaily.com/20200105/71413。

二 应对"一带一路"倡议法律风险挑战的对策建议

"一带一路"成果的巩固和发展离不开以规则为导向、开放包容、民主透明的法治化机制的保障。当前,在百年未有之大变局的背景下,"一带一路"倡议的价值和功能定位更加明确。从根本上,中国应以"成为世界和平与发展的领导者"为顶层设计目标,推进"一带一路"倡议向纵深发展。为达至此目标,中国要进一步加强国际法的研究,[①]提高运用法治思维和法治方式的能力,确保"一带一路"倡议行稳致远。

(一) 充分利用多边、双边经贸协定的规制功能

在未来共建"一带一路"中,应更加重视运用多边或双边法律工具,推动法治合作迈入"深水区"。"一带一路"国际合作的推进当然需要以达成政治共识为前提,但若仅仅停留在政治共识、停留在政党或者政府领导人的承诺或呼吁,而不能落实进相关国家的国内法律制度和规则,则合作机制将存在不确定性。政党轮替和权力分立,使得政治共识和领导人承诺难以稳定持久地发挥作用。在某种意义上,这已经成为共建"一带一路"中的一个突出风险点。[②]

因此,应加强法治思维,尽可能将合作成果落实进多边与双边的法律文件中,强化其正当性和有效性。规则的制定者往往就是规则的受益者。作为"一带一路"倡议的发起国,中国尚未将经济优

[①] 柳华文:《论进一步加强国际法的研究和运用》,《国际法研究》2020年第1期。
[②] 廖凡:《国家主权、正当程序与多边主义——全球行政法视角下的"一带一路"合作机制构建》,《经贸法律评论》2019年第6期。

势转化为规范的制定权和话语权。当前，区域经贸协定是全球贸易治理机制的重要内容。《区域全面经济伙伴关系协定》签署后，中国已与26个国家和地区签署19个自由贸易协定，与自由贸易伙伴方的贸易额占比由此前的27%扩大到35%左右。[①] 当然，中国应加快推进《中日韩自由贸易协定》等区域经贸协定的谈判，扩大中外自由贸易协定的覆盖范围和领域，构筑更为公正、合理的对外经贸规范，在法律上、舆论上和策略上应对个别西方国家对中国形成的规则"遏制圈"。

具体而言，一方面，中国要积极利用国民待遇、最惠国待遇和公平公正待遇主张中国贸易商、投资者的合法利益。例如，中国应有效运用世贸组织协定纠正周边国家成员对中国的歧视性贸易安排。针对对中国产品的"定向"限制，中国政府可依据非歧视原则及规则，适时启动争端解决程序，维护中国货物、服务及服务提供者的合法权益。

另一方面，中国也应积极推进多边、双边协定谈判，特别是通过强化安全审查的透明度和程序公正要求，以规避东道国投资安全审查对中国投资者所造成的不利影响。例如，中国可提倡在协定中界定并梳理安全和公共利益的核心内容。实践中，中国也可借鉴并援引经济合作与发展组织对外国投资审查的四项指导规范，即非歧视性、透明度/可预测性、规制比例性和可负责性，以此在国际上主张对中资企业的公正合理待遇。

（二）推动中国法治成果为共建"一带一路"国家理解、认同与借鉴

共建"一带一路"国家和中国周边地区大多为发展中国家，其

[①] 钟山：《开创全球开放合作新局面》，《人民日报》2020年11月24日第11版。

相对缺乏发达的法律制度。在实践层面，中国的公司法、投资法、环境法对发展中国家具有借鉴和示范作用。特别是与英美法、欧盟法相比较，中国法律较为简洁，能够被处于法治发展初期、中期阶段的周边国家所借鉴。

中国法治充满东方智慧。虽然它与西方所描绘的资本主义法治模式不完全相同，但是在实践中，中国法治建设既确保了中国经济发展，也保障了中国社会发展的成果为人民所共享。从此层面上讲，中国法治成果具有世界级的影响力，并可为发展中国家的国内法治建设提供示范作用。进一步来讲，中国法治已深刻融入国际法治进程之中。在跨国法律制度中，最核心的争议在于法律适用，即法律争议到底适用东道国法、投资者本国法还是第三国法律。自改革开放以来，中国法治建设全面融入国际法治进程中。以商事领域为例，中国是《联合国国际货物销售合同公约》的成员方，如果当事双方同意适用中国法律，其实际为适用上述公约的法律框架。在此意义上，中国法治的开放性也保障中国法治能够在周边地区发挥积极的引领作用。

在理解、认同中国法治成果背景下，中国应激励周边国家重视国内法治建设。"一带一路"倡议的长远发展不仅应考虑经济发展，还应该与国内社会建设相结合。共建"一带一路"国家可通过共同遵循的法治理念与原则实现国内规制的协调，依法保障发展的成果。在此层面上，"一带一路"倡议必须强调相互信任与法律合作。当前，"一带一路"建设面临政治风险、安全风险、廉洁风险以及环境保护、劳工风险等，上述风险均与东道国政府国内规制密不可分，也均涉及法治合作。

具体而言，第一，中国可与"一带一路"沿线国家和中国周边国家探寻并推出统一法律规范或法律原则纲要，特别是协调英美法系、大陆法系、伊斯兰法系传统国家的法律文化差异，使得"一带一路"国家具有共享的法治理念。第二，中国可积极在程序层面打造法治合作渠道，为中国与共建"一带一路"国家的法治合作提供磋商平台，促进"一带一路"国家不断提高国家治理现代化的水平和能力。第三，中国可以以法律援助的方式，使得中国法律、中国制度为周边国家所借鉴、所使用。

（三）积极提升企业的合规意识与法律运用能力

当前，一些企业和机构尚未充分认识到周边国家法律体系、法治理念和市场准入、行业监管、金融税收、环境保护、劳工保护等方面巨大差异带来的法律风险，多用政策推进，忽视法律治理。即便用法律处理问题，也多属临时性、应急性措施，缺乏国别谋划和长远打算。

面对复杂的法律风险，中国企业应自觉提升海外投资的法律意识与法律运用能力。具体而言，第一，中国企业应注重自身的合规建设，并主动承担投资目的国的社会责任。中资企业"走出去"应结合东道国国情，尊重当地风俗与习惯，特别是在人权、劳工权益、反腐败、环境保护等高风险领域做好合规工作。

第二，在"一带一路"建设中，中资企业需要与海外合作伙伴签订合同。随着中资企业议价能力的提升，合同将会规定适用中国法律以及中文为合同语言的条款。以合同的方式援用中国法律，将能够帮助中资企业掌控法律争议解决的主导权和话语权。

第三，当面临不公正的待遇时，中国企业要积极运用法律手段维护自身利益。例如，若东道国法治完善，中资企业应该充分利用司法审查等当地法律机制，并应善于利用调解、仲裁及当地诉讼机制实现自身利益诉求。若东道国法治不完善，中国企业应积极探索利用国际性或投资母国的法律机制，并利用和解等手段及时有效化解纠纷。

（四）切实提高中国涉外法律服务的能力水平

截至目前，中资企业积极响应"一带一路"倡议"走出去"的对外合作项目已经超过万余起，由此也产生了数万份为实施项目而签署的各种类型的涉外合同文书。由于中国涉外法律人才缺乏，长期以来对外交往中主要依托英美法律服务机构、英美国家的律师来为海外中资企业提供法律服务，这显然不利于中国涉外法律行业、市场的发展。因此，中国相关机构和律师界必须对未来可能出现的中资企业涉外合同纠纷作出法律预判，及时采取有效防范措施，从法律层面有效维护中资企业的合法权益。

具体而言，一方面，应改革国内争议解决机制，吸引当事人选择中国作为争议解决所在地。若越来越多的"一带一路"项目把中国作为仲裁地，并把中国作为解决纠纷的首选地，那么中国制度与法律对全球的辐射作用将更强。然而，中国国内争议解决机制仍有待完善。例如，在诉讼层面，中国应拓宽涉外案件管辖权的范围，特别是赋予合同当事方更大的意思自治。在仲裁层面，中国应修改《仲裁法》，赋予临时仲裁的合法性。由此，应通过改革国内民商事诉讼、仲裁和调解制度，进一步提升中国成为全球争端解决服务场所的吸引力。

另一方面，应推动中国法律服务与涉外法律人才走出国门。现阶段中国涉外法律人才相对匮乏，法律服务水平总体不高，在国际法律服务市场上竞争力不足。为此，中国相关机构应有意识地鼓励并支持中国法律服务机构与涉外法律人才参与国际竞争。从长远角度看，中国涉外法律人才应在国际斗争实践中得到培养、锻炼和提升。例如，随着中资企业海外投资步伐加快，越来越多的中国律师事务所在海外设立分所，提供法律服务。无疑，中国法律服务与涉外法律人才的"走出去"能够进一步促进中国法律及其法治思维的对外传播，这也将从优化涉外法律环境的角度出发，更好地保障中国企业的合法利益，更好地讲好中国法治故事。

三 小结

总的来说，随着"一带一路"倡议的顺利推进，中国企业在走出国门的过程中会遇到越来越多的法律问题，也会遇到共建"一带一路"国家因为法治不健全所引发的各种类型的法律风险。尤其是在推进"一带一路"倡议实施过程中，还会经常性地遇到美欧国家所实行的具有一定挑战性的战略措施的对冲。个别西方国家"污名化"中国产品及投资构成"国家安全"威胁并要求阻断与中资企业的经贸往来。在其背后，个别西方企业在经济遏制战略中获益颇多。例如，在美国、印度政府发布"抖音"禁令后，美国Instagram、脸书等社交媒体大量抄袭"抖音"软件并推出类似功能抢占市场份额；个别西方国家对华为等禁令也使得苹果、高通等在共建"一带一路"国家的通信市场份额有所提升；禁止进口所谓的"强迫劳动"产品，实际上试图限制中资企业的国际经贸往来活动。毫无疑问，在可预期的阶段，中国产品、中资企业仍将不得不在共建"一带一路"国家与其他美欧等发达国家的产品与企业进行激烈的市场竞争与博弈。在中国与共建"一带一路"国家的立法价值取向、执法理念和司法传统多样，双多边条约欠缺，国际执法合作和国际司法协助基础脆弱，统一的争端解决机制付之阙如，特别是中资企业在海外投资面临法律风险的核心原因是对周边国家和地区法律环境不熟悉的情形下，加强中国法域外适用的理论研究，建立和健全以保护海外中国企业和公民合法权益为宗旨的驻外使领馆法务工作制度，有助于从源头上解决"一带一路"倡议实施过程中所面临的巨大法律风险。因此，只要强化"官学商"联合的国际化法律服务机制建设，培养一大批合格的国际性法律服务人才，就能够给海外中国企业和公民提供充分和有效的法律帮助，化解各种法律风险，提高运用法治思维和法治方式来处理各种涉外法律纠纷的能力，特别是要学会运用法律手段来进行涉外法律斗争，以此来推动与实施"一带一路"倡议相适应的涉外法律机制和国际法治的完善和健全，为中国企业在共建"一带一路"国家所进行的投资、项目承揽和商贸活动提供最可靠的法律保障。

"一带一路"国际产能合作与发展展望

李晓华[*]

摘要："一带一路"倡议自 2013 年提出以来获得世界范围的广泛响应，国际产能合作是"一带一路"倡议的重要内容。本文对中国在共建"一带一路"国家的直接投资、共建国际合作园区建设的情况与国际产能合作的成效进行总结，分析国际产能合作的特点和运作机制，对国际产能合作的未来发展进行展望，并提出推进国际产能合作更好发展的对策建议。

关键词：一带一路、产能合作、国际直接投资

2013 年秋天，习近平主席在访问哈萨克斯坦和印度尼西亚时分别提出共建"丝绸之路经济带"和"21 世纪海上丝绸之路"的合作倡议。"一带一路"倡议是致力于加强不同文明交流互鉴、促进世界和平发展、构建人类命运共同体的新型区域合作模式，其中国际产能合作是"一带一路"倡议的重要组成部分，也是落实"一带一路"倡议的重要抓手。

---

[*] 中国社会科学院工业经济研究所研究员、中国社会科学院大学教授。

一 "一带一路"国际产能合作的发展回顾

"一带一路"倡议自2013年提出以来,在国际社会获得广泛响应,一大批产业投资项目开工建设,数十个国际合作园区持续推进,中国与共建"一带一路"国家的产能合作深入发展。"一带一路"国际产能合作在促进中国工业产品出口增长和优化产业链国际布局的同时,也有力地带动了共建"一带一路"国家的工业化进程和经济发展。

(一)中国在共建"一带一路"国家的直接投资情况

中国是不少共建"一带一路"国家最大的直接投资来源国,投资规模从2008年以来就显著增长,而且在国际金融危机后发达国家对"一带一路"沿线国家直接投资收缩的时候,中国投资仍保持了增长的势头。[1] "一带一路"倡议提出以来,中国与沿线国家的产能合作快速推进,突出表现为中国在沿线国家直接投资的增长。2014年,中国在共建"一带一路"国家的直接投资流量为136.6亿美元,占当年中国对外直接投资流量的11.1%;中国对沿线国家的直接投资存量为924.6亿美元,占中国对外直接投资存量的10.5%。2020年,即使面对新冠疫情的冲击,中国在共建"一带一路"国家的直接投资流量仍实现20.6%的同比增长,达到225.4亿美元,占当年中国对外直接投资流量的14.7%,相比上年提高1个百分点(见图1)。

---

[1] Chen, M., and C. Lin., "Foreign Investment across the Belt and Road: Patterns, Determinants and Effects", Policy Research Working Paper 8607, 2018, http://documents1.worldbank.org/curated/en/394671539175518256/pdf/WPS8607.pdf.

截至2020年年末，中国在共建"一带一路"国家直接投资存量2007.9亿美元，占中国对外直接投资存量的7.8%。其中，2013—2020年，中国对共建"一带一路"国家累计直接投资1398.5亿美元，占中国对外直接投资总额的12.0%。根据国家统计局的数据，中国对共建"一带一路"国家对外直接投资额（不含银行、证券、保险）从2015年的148亿美元增加到2020年的178亿美元，占全部对外直接投资额的比重从12.5%提高到16.2%。2017年以来，中国对共建"一带一路"国家直接投资（不含银行、证券、保险）增速均高于全部对外直接投资增速，特别是2017年、2020年分别高28.7个百分点和19.1个百分点，在2020年中国对外直接投资（不含银行、证券、保险）增速下降0.4个百分点的情况下，对共建"一带一路"国家直接投资增速达到18.7%（详见表1）。在中国对共建"一带一路"国家的直接投资中，跨国并购占据重要地位，特别是2015—2018年是并购规模比较大的时期，中国在共建"一带一路"国家的并购金额分别为92.3亿美元、66.4亿美元、162.8亿美元、100.3亿美元，分别占当年中国在共建"一带一路"国家投资流量的48.8%、43.3%、80.7%、56.1%。截至2020年年底，中国境内投资者已经在"一带一路"沿线的63个国家设立境外企业超过1.1万家。[1]

---

[1] Ministry of Commerce of the People's Republic of China, National Bureau of Statistics, State Administration of Foreign Exchange, *2020 Statistical Bulletin of China's Outward Foreign Direct Investment*, China Commerce and Trade Press, 2021, http://images.mofcom.gov.cn/hzs/202111/20211112140104651.pdf.

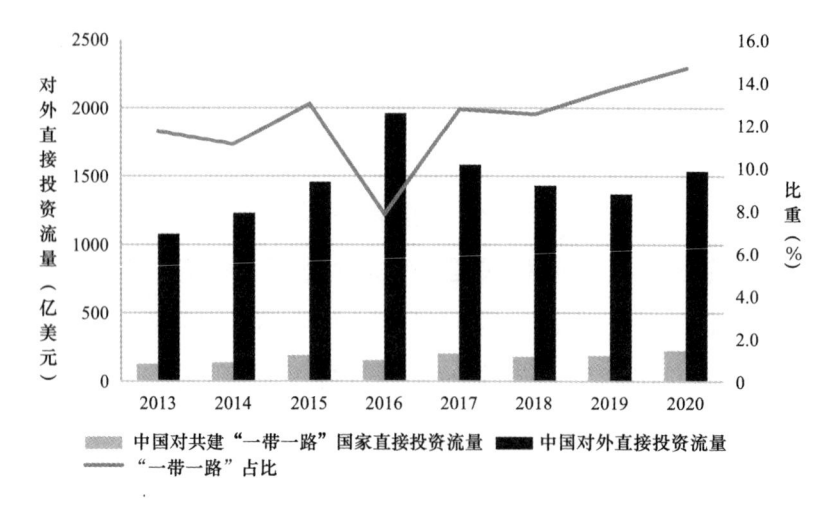

图1 中国对共建"一带一路"国家直接投资流量情况

资料来源：Ministry of Commerce of the People's Republic of China, National Bureau of Statistics, State Administration of Foreign Exchange, *2020 Statistical Bulletin of China's Outward Foreign Direct Investment*, China Commerce and Trade Press, 2021, http：//images.mofcom.gov.cn/hzs/202111/20211112140104651.pdf.

表1　中国对共建"一带一路"国家对外直接投资额（不含银行、证券、保险）占比变化

	2015	2016	2017	2018	2019	2020
全年对外直接投资额（亿美元）	1180	1701	1201	1205	1106	1102
全年对外直接投资额比上年增长（%）	14.7	44.2	-29.4	0.3	-8.2	-0.4
对共建"一带一路"国家对外直接投资额（亿美元）	148	145	144	156	150	178
对共建"一带一路"国家对外直接投资额增长（%）	18.2	-2.0	-0.7	8.3	-3.8	18.7
对共建"一带一路"国家对外直接投资额在中国对外直接投资额中的占比（%）	12.5	8.5	12.0	13.0	13.6	16.2

资料来源：根据历年国民经济和社会发展统计公报数据整理。

分国别来看，2014—2020年，中国直接投资累计超过1亿美元的共建"一带一路"国家共40个。其中，新加坡排在第一位，累计直接投资额399.2亿美元；印度尼西亚排在第二位，累计直接投资额121.5亿美元；马来西亚、越南、泰国、俄罗斯、老挝、阿联酋6个国家的累计直接投资额超过60亿美元；柬埔寨、巴基斯坦、以色列、印度、沙特阿拉伯、土耳其、孟加拉国、缅甸、伊拉克、吉尔吉斯斯坦10个国家的累计直接投资额在10亿美元以上。从表2可以看到，中国直接投资额比较大的共建"一带一路"国家中，除新加坡、以色列两个高收入国家，文莱、沙特阿拉伯、阿联酋、科威特等石油资源丰富的国家以及匈牙利、捷克、波兰、罗马尼亚等东欧国家外，都属于中等收入国家，且有大量国家的人均GDP水平在4000美元以下，处于中等偏低收入国家之列。

表2　　　　2014—2020年中国直接投资累计超过1亿美元的共建"一带一路"国家

排序	国家（地区）	2019年人均GDP（美元）	累计直接投资（亿美元）	排序	国家（地区）	2019年人均GDP（美元）	累计直接投资（亿美元）
1	新加坡	65233.3	399.2	9	柬埔寨	1643.1	47.1
2	印度尼西亚	4135.6	121.5	10	巴基斯坦	1284.7	39.6
3	马来西亚	11414.2	87.1	11	以色列	43592.1	31.4
4	越南	2715.3	76.1	12	印度	2099.6	23.5
5	泰国	7806.7	74.2	13	沙特阿拉伯	23139.8	17.0
6	俄罗斯	11585.0	73.5	14	土耳其	9126.6	16.0
7	老挝	2534.9	69.4	15	孟加拉国	1855.7	15.7
8	阿联酋	43103.3	60.8	16	缅甸	1407.8	14.0

续表

排序	国家（地区）	2019年人均GDP（美元）	累计直接投资（亿美元）	排序	国家（地区）	2019年人均GDP（美元）	累计直接投资（亿美元）
17	伊拉克	5955.1	13.4	29	尼泊尔	1071.1	3.9
18	吉尔吉斯斯坦	1309.4	11.1	30	捷克	23494.6	2.9
19	塔吉克斯坦	870.8	8.9	31	克罗地亚	14936.1	2.4
20	哈萨克斯坦	9812.4	8.0	32	罗马尼亚	12919.5	2.4
21	科威特	32000.4	7.5	33	斯里兰卡	3853.1	2.2
22	埃及	3019.2	7.2	34	文莱	31086.8	2.1
23	白俄罗斯	6663.3	6.6	35	蒙古	4339.8	2.1
24	菲律宾	3485.1	5.2	36	阿曼	15343.1	1.8
25	格鲁吉亚	4697.7	5.1	37	保加利亚	9828.1	1.5
26	塞尔维亚	7411.8	4.6	38	东帝汶	1560.5	1.3
27	波兰	15692.5	4.1	39	黑山	8908.9	1.2
28	匈牙利	16731.8	3.9	40	乌克兰	3659.0	1.1

资料来源：2014—2020年度中国对外直接投资统计公报，世界银行数据库。

从中国对外直接投资的行业分布来看，2020年年末对外直接投资存量占比居前列的行业分别为：租赁和商务服务业为32.2%，批发和零售业为13.4%，信息传输/软件和信息技术服务业为11.5%，制造业为10.8%，金融业为10.5%，采矿业为6.8%。2020年对外直接投资流量占比居前列的行业分别为：租赁和商务服务业25.2%，制造业16.8%，批发和零售业18.3%，金融业12.8%，信息传输/软件和信息技术服务业6.0%，建筑业5.3%。相比之下，中国在共建"一带一路"国家的投资行业分布呈现相当大的不同。2020年，中国在共建"一带一路"国家的直接投资中，流向制造业76.8亿美元，占34.1%；建筑业37.6亿美元，占16.7%；电力生产和供应业24.8亿美元，占11%；租赁和商务服务业19.4亿美元，占8.6%；批发和零售业16.1亿美元，占7.1%；科学研究和技术服务业8.7亿美元，占3.8%；信息传输/软件和信息技术服务业8.2亿美元，占3.6%；金融业8亿美元，占3.5%。2015年3月28日，国家发展改革委、外交部、商务部联合发布《推动共建丝绸之路经济带和21世纪海上丝绸之路的愿景与行动》，提出拓展相互投资领域、推动新型产业合作，所涉及产业包括：农林牧渔业、农机及农产品生产加工，海水养殖、远洋渔业、水产品加工、海水淡化、海洋生物制药、海洋工程技术、环保产业和海上旅游，煤炭、油气、金属矿产等传统能源资源勘探开发，水电、核电、风电、太阳能等清洁、可再生能源，能源资源深加工技术、装备与工程服务，新一代信息技术、生物、新能源、新材料等新兴产业领域。所涉及的产业以制造业为主。2015年国务院发布的《国务院关于推进国际产能和装备制造合作的指导意见》（国发〔2015〕30号）提出"将钢铁、有色、建材、铁路、电力、化工、轻纺、汽车、通信、工程机械、航空航天、船舶和海洋工程等作为重点行业，分类实施，有序推进"。从中国在共建"一带一路"国家的投资情况也可以看到，制造业是中国对共建"一带一路"投资规模最大、占比最高的领域，建筑业、电力生产和供应业也与制造业的发展或制成品的投入密切相关，显示出中国与共建"一带一路"国家在产能合作方面的紧密关系。产能合作的具体形式包括成套设备出口、绿地投资、跨国并购、工程承包等。

（二）在共建"一带一路"国家共建国际合作园区情况

中国境外国际合作产业园区是指在中国和有关国家政府指导下，支持有实力、有条件的中国企业在有关国家投资建设或与所在国企业共同投资建设，吸纳中国、所在国或其他国家企业入区投资发展的基础设施完善、主导产业明确、公共服务功能健全的产业空间发展载体，①是加工区、工业园、科技产业园、经贸合作区等各类园区的统称。②中国境外国际合作园区经过多年的发展，不但数量不断增长、地域范围不断扩大，而且投资规模、产业集聚水平持续提高，成为中国推进"一带一路"建设、加强国际产能合作的重要平台。

根据《共建"一带一路"：理念、实践与中国的贡献》报告，自商务部对外投资和经济合作司 2010 年提出建设境外经济贸易合作区至 2016 年年底，中国在 36 个国家建设境外园区 77 个，其中，通过商务部和财政部审核的国家级境外合作园区有 20 个，累计投资 241.9 亿美元（平均每个园区投资 12.1 亿美元），入区企业 1522 家（平均每个园区 76 家），总产值 702.8 亿美元。共建"一带一路"国家是中国海外合作园区建设的主要区域。截至 2016 年年底，中国企业在"一带一路"沿线 20 个国家正在建设 56 个经贸合作区，占在建合作区总数的 72.72%，累计投资超过 185 亿美元。到 2018 年 9 月，中国企业在 24 个共建"一带一路"国家共建立 82 个经贸合作区和工业园区，累计投资 304.5 亿美元，入区企业 4098 家；截至 2019 年年末，中国企业在"一带一路"沿线建设的经贸合作园区累计投资达 350 亿美元。③

从表 3 可以看到，自 2013 年"一带一路"倡议提出以来，中国境外国际合作园区建设速度明显加快、数量明显增加、地域分布

---

① 沈正平、简晓彬、赵洁：《"一带一路"沿线中国境外合作产业园区建设模式研究》，《国际城市规划》2018 年第 2 期。
② 叶尔肯·吾扎提、张薇、刘志高：《中国在"一带一路"沿线海外园区建设模式研究》，《中国科学院院刊》2017 年第 4 期。
③ 王胜文、邢厚媛：《中国对外投资合作发展报告 2020》，2021 年 2 月，中国政府网，http://www.gov.cn/xinwen/2021-02/03/5584540/files/924b9a95d0a048daaa8465d56051aca4.pdf。

范围不断扩大。2003—2005 年，年均新增合作国家 1 个，年均新增合作园区 1.3 个；2006—2010 年，年均新增合作国家 2 个，年均新增合作园区 4.2 个；2011—2015 年，年均新增合作国家 3.4 个，年均新增合作园区 5.8 个；2016—2017 年，年均新增合作国家 7 个，年均新增合作园区 13 个。

表3　"一带一路"沿线中国国际合作园区及共建园区国家的数目变化

时期	沿线国际合作园区数目（个）	新增合作园区数目（个）	沿线合作国家数目（个）	新增合作国家数目（个）	新增的合作国家
2003—2005 年	5	4	3	3	俄罗斯、老挝、塞拉利昂
2006—2010 年	26	21	13	10	巴基斯坦、印度尼西亚、泰国、越南、乌兹别克斯坦、白俄罗斯、尼日利亚、埃塞俄比亚、阿尔及利亚、赞比亚
2011—2015 年	55	29	30	17	吉尔吉斯斯坦、马来西亚、柬埔寨、土耳其、格鲁吉亚、匈牙利、南非、津巴布韦等
2016—2017 年	81	26	44	14	沙特阿拉伯、伊朗、波兰、斯里兰卡、阿曼、保加利亚、吉布提、埃及、肯尼亚等

资料来源：赵胜波、王兴平、胡雪峰：《"一带一路"沿线中国国际合作园区发展研究——现状、影响与趋势》，《城市规划》2018 年第 9 期。

从园区主要产业所在领域，可以把海外合作园区划分为加工制造型、资源利用型、农业开发型、商贸物流型、技术研发型、多元综合型等类型，其中以多元综合型、加工制造型、农业开发型为主（见表4）。①

表4　　　　　　　　　　合作产业园区的类型

类型	数量	海外园区
加工制造型	12	埃及苏伊士经贸合作区、中匈宝思德经贸合作区、中国·印尼经贸合作区、柬埔寨西港经济特区、海尔—鲁巴经济园区、印度马哈拉施特拉邦汽车产业园、中俄乌苏里斯克经贸合作区、斯里兰卡中国工业园、白俄罗斯中白工业园、缅甸皎漂特区工业园、深圳—海防经济贸易合作区、格鲁吉亚华凌自由工业园
资源利用型	3	印尼青山产业园、印度古吉拉特邦电力产业园、中国—阿曼产业园
农业开发型	8	中国·印尼聚龙农业产业合作区、中俄托木斯克工贸合作区、加里曼丹岛农工贸经济合作区、中俄现代农业产业合作区、老挝云橡产业园、吉尔吉斯斯坦亚洲之星农业产业合作区、俄罗斯龙跃林业经贸合作区、中塔农业纺织产业园
商贸物流型	5	匈牙利商贸物流合作园区、斯里兰卡科伦坡港口城、瓜达尔自贸区、中哈边境合作中心、中缅边境经济合作区
技术研发型	1	中国—东盟北斗科技城
多元综合型	16	越南龙江工业园、乌兹别克斯坦吉扎克工业特区、老挝万象赛色塔综合开发区、泰中罗勇工业园、中尼友谊工业园、孟加拉中国经济工业园、中民投印尼产业园、马来西亚皇京港、哈萨克斯坦中国工业园、华夏幸福印尼产业新城、马中关丹产业园区、万达印度产业园、伊朗格什姆自贸区、华夏幸福越南产业新城、中塔工业园、中老磨憨—磨丁经济合作区

资料来源：曾刚、赵海、胡浩：《"一带一路"倡议下中国海外园区建设与发展报告（2018）》，中国社会科学出版社2018年版。

---

① 曾刚、赵海、胡浩：《"一带一路"倡议下中国海外园区建设与发展报告（2018）》，中国社会科学出版社2018年版。

从建设和运作模式来看，中国在"一带一路"建设的合作产业园区大致可以分为三种模式。一是政府推动建设模式，即由中国和沿线国家政府签订合作协议，在政府的支持、推动下建立。二是园区开发公司主导模式，即由在国内拥有丰富的园区开发、运营经验的开发公司主导建设、运营。比如，天津泰达投资控股有限公司与天津开发区苏伊士国际合作有限公司、埃及埃中合营公司按照75%：5%：5%的股份占比合资成立埃及泰达投资公司，负责中埃苏伊士经贸合作区的开发、建设、招商和管理。三是生产企业主导建设模式，其投资主体为国内单个、多个民营企业或国内企业与东道国企业合资，共同在海外建设产业合作园区。"一带一路"沿线建设的海外园区多属这种类型。

（三）"一带一路"国际产能合作的成效

中国在"一带一路"国际产能合作中始终秉持合作共赢、共同发展，在推动中国工业产品出口、完善产业链国际布局的同时，也带动了沿线国家的经济发展和工业化进程。

共建"一带一路"国家在中国对外工程承包和商品出口中的重要性上升。2016—2020年，中国对共建"一带一路"国家对外承包工程业务完成营业额从760亿美元增加到911亿美元，增长速度远远超过中国对外承包工程业务完成营业额，占对外承包工程业务完成营业额的比重也从47.7%提高到58.4%（见表5）。根据Constantinescu和Ruta的研究，2017年共建"一带一路"国家占中国商品出口总额的40%左右，比2001年提高近9个百分点；其中，共建"一带一路"国家在中国基础设施相关商品出口中的占比增加了11个百分点，从中国进口的钢铁占比增加了16个百分点。2017年，共建"一带一路"国家在中国出口的基础设施相关商品和钢铁中分别占27%和37%，分别比2013年提高了15个百分点和17个百分点。① 中国对共建"一带一路"国家进出口总额占全年货物进出口总额比重从 2016 年的 25.7% 提高到 2019 年、2020 年的 29% 以上,其中对共建"一带一路"国家出口额占比从 23.1% 提高到 30% 以上。

表5　　　中国对共建"一带一路"国家对外承包工程业务
完成营业额占比变化

年份	2016	2017	2018	2019	2020
对外承包工程业务完成营业额（亿美元）	1594	1686	1690	1729	1559
对外承包工程业务完成营业额比上年增长（%）	3.5	5.8	0.3	2.3	-9.8
对共建"一带一路"国家对外承包工程业务完成营业额（亿美元）	760	855	893	980	911
对共建"一带一路"国家对外承包工程业务完成营业额比上年增长（%）	9.7	12.6	4.4	9.7	-7.0
对共建"一带一路"国家对外承包工程业务完成额占中国对外承包工程业务完成营业额的比重（%）	47.7	50.7	52.8	56.7	58.4

资料来源：根据历年国民经济和社会发展统计公报数据整理。

"一带一路"国际产能合作带动了共建"一带一路"国家的经济增长。根据商务部的统计，截至 2016 年年底，中国在 20 个共建"一带一路"国家正在建设的 56 个合作区，入区企业 1082 家，总

---

① Constantinescu, C. and M. Ruta, *How Old is the Belt and Road Initiative? Long Term Patterns of Chinese Exports to BRI Economies*, MTI Practice Notes, No. 6, 2018, http://documents1.worldbank.org/curated/en/984921545241288569/pdf/How-Old-is-the-Belt-and-Road-Initiative-Long-Term-Patterns-of-Chinese-Exports-to-BRI-Economies.pdf.

产值506.9亿美元，上缴东道国税费10.7亿美元。2018年，中国境外企业合计向东道国缴纳税收594亿美元，雇佣外方员工197.7万人（占境外企业员工数量的五成以上）；在经过确认考核的20家境外经贸合作区中的933家企业，合计上缴东道国税费22.8亿美元，为当地创造14.7万个就业岗位①；2019年中国企业在"一带一路"沿线建设的经贸合作园区上缴东道国税费达到30亿美元以上，为当地创造就业岗位32万个②。《国际金融论坛（IFF）中国报告2018》开展的问卷调查显示，92%的共建"一带一路"国家中央银行预计，未来5年本国经济增长将受益于"一带一路"建设项目，大多数受访者认为将带动近1个百分点的年增长，25%的受访者预计将能带动2—5个百分点的年增长。③

"一带一路"国际产能合作在推动沿线国家工业化方面发挥了重要的作用。中国与共建"一带一路"国家政府在基础设施建设上的合作、中国企业的国际直接投资不但加快了当地的基础设施建设，改善了当地工业发展的条件，而且有力支持了共建"一带一路"国家将比较优势转变为产业优势，直接带动了能够发挥当地资源、劳动力优势的资源型产业、劳动密集型产业的发展，有利于他们构筑更加现代化的产业体系、提升资源附加价值、加快工业化进程。④ 老挝、柬埔寨是中国直接投资占该国全部直接投资总量比重较高的国家，2014—2019年中国直接投资分别占两国国际直接投资

---

① 王胜文、邢厚媛：《中国对外投资发展报告2019》，2020年5月，商务部网站，http://images.mofcom.gov.cn/fec/202005/20200507111104426.pdf。
② 王胜文、邢厚媛：《中国对外投资合作发展报告2020》，2021年2月，中国政府网，http://www.gov.cn/xinwen/2021-02/03/5584540/files/924b9a95d0a048daaa8465d56051aca4.pdf。
③ 王胜文、顾大伟、邢厚媛主编：《中国对外投资发展报告2018》，2019年1月，商务部网站，http://images.mofcom.gov.cn/fec/201901/20190128155348158.pdf。
④ 中华人民共和国国务院新闻办公室：《新时代的中国国际发展合作》，2021年1月，中国政府网，http://www.scio.gov.cn/zfbps/32832/Document/1696685/1696685.htm。

总量的85.1%和23.7%（见表6）。随着"一带一路"产能合作的推进，老挝、柬埔寨的劳动密集型产业得到发展、出口快速增长，制成品出口额分别从2013年的4.6亿美元和60.2亿美元增加到2019年的13.0亿美元和134.3亿美元，2019年出口额分别是2013年的2.8倍和2.2倍。

表6　　　　中国对部分共建"一带一路"国家直接投资情况　　单位：亿美元

	2014—2019年 FDI流量合计	2014—2019年 中国FDI投资	2014—2019年 中国FDI投资占比（%）
老挝	64.4	54.8	85.1
柬埔寨	158.1	37.5	23.7

资料来源：2014—2019年度中国对外直接投资统计公报，UNCTAD数据库。

二 "一带一路"国际产能合作的特点与机制

"一带一路"国际产能合作呈现出与以往国际直接投资显著的差异，有助于共建"一带一路"发展中国家跳出"低水平陷阱"，加速工业化进程，在这个过程中实现中国与共建"一带一路"国家的共赢。

（一）"一带一路"国际产能合作的特点

"一带一路"国际产能合作是在坚持共商共建共享原则基础上，由中国与共建"一带一路"国家政府推动、企业参与的产能合作，既不同于第二次世界大战后"马歇尔计划"美国对欧洲的援助，也不同于跨国公司主导的跨国投资。具体来说，"一带一路"国际产能合作呈现出平等互利、普惠包容、优势互补、能力导向等特点。

1. 平等互利

中国政府与共建"一带一路"国家的合作完全遵循平等互利的原则。《推动共建丝绸之路经济带和 21 世纪海上丝绸之路的愿景与行动》提出"要坚持共商、共建、共享原则","坚持和谐包容。倡导文明宽容,尊重各国发展道路和模式的选择,加强不同文明之间的对话,求同存异、兼容并蓄、和平共处、共生共荣"。"坚持互利共赢。兼顾各方利益和关切,寻求利益契合点和合作最大公约数,体现各方智慧和创意,各施所长,各尽所能,把各方优势和潜力充分发挥出来。"[①] 习近平主席在 2017 年 5 月 14 日首届"一带一路"国际合作高峰论坛开幕式上的演讲中指出:"中国愿在和平共处五项原则基础上,发展同所有'一带一路'建设参与国的友好合作。中国愿同世界各国分享发展经验,但不会干涉他国内政,不会输出社会制度和发展模式,更不会强加于人。我们推进'一带一路'建设不会重复地缘博弈的老套路,而将开创合作共赢的新模式;不会形成破坏稳定的小集团,而将建设和谐共存的大家庭。"[②] 在圆桌峰会上的闭幕辞中,习近平主席指出:"坚持共商、共建、共享原则,相互尊重、民主协商、共同决策,在开放中合作,在合作中共赢。"[③]

2. 普惠包容

中国所倡导的"一带一路"倡议下的国际产能合作强调包容普惠的理念。共建"一带一路"倡议是一个开放、包容、均衡、普惠的新型合作架构,以其平等包容的外在特征和契合实际的内在特点,体现了包括中国在内参与共建"一带一路"各国的共同

[①]《推动共建丝绸之路经济带和 21 世纪海上丝绸之路的愿景与行动》,《光明日报》2015 年 3 月 29 日。

[②]《习近平谈治国理政》第 2 卷,外文出版社 2017 年版,第 514 页。

[③] 习近平:《在"一带一路"国际合作高峰论坛圆桌峰会上的闭幕辞》,《光明日报》2017 年 5 月 16 日。

利益。① 2015年发布的《推动共建丝绸之路经济带和21世纪海上丝绸之路的愿景与行动》就明确提出,"'一带一路'的互联互通项目将推动沿线各国发展战略的对接与耦合,发掘区域内市场的潜力,促进投资和消费,创造需求和就业,增进沿线各国人民的人文交流与文明互鉴,让各国人民相逢相知、互信互敬,共享和谐、安宁、富裕的生活"②。中国所推动的国际产能合作是包容性的国际产能合作,其重要目标就是使经济增长惠及更多的国家、更多的民众,更多国家的经济发展和更多民众收入的提高又会反过来进一步促进世界经济增长,形成一种正向的反馈机制,参与"一带一路"合作的各个国家都能在这个过程中获益。中国对共建"一带一路"国家基础设施、园区、工厂等投资,可以使共建"一带一路"国家的自然资源、人力资本发挥作用、创造价值,推动当地经济走向起飞的通道。中国企业在共建"一带一路"国家的业务开展遵循当地的劳动法规,以雇佣当地雇员为主,带动了当地就业,促进当地收入的增长。中国的海外投资还特别重视经济发展的长期可持续性。中国与共建"一带一路"国家的国际产能合作不是向国外转移落后产能,而是提供在中国经过"新型工业化道路"、新发展理念指导不断优化升级的、具有世界一流水平的先进产能,在带动当地产业发展的同时,尽最大可能减少对生态环境的影响。③

3. 优势互补

中国与共建"一带一路"国家具有很强的互补性,在制造业领域尤为突出。中国是世界第一制造业大国,制造业增加值占全球比

---

① 推进"一带一路"建设工作领导小组办公室:《共建"一带一路":理念、实践与中国的贡献》,2017年5月10日,新华网,http://www.xinhuanet.com/politics/2017-05/10/c_1120951928.htm。

② 《推动共建丝绸之路经济带和21世纪海上丝绸之路的愿景与行动》,《光明日报》2015年3月29日。

③ 李晓华:《能力建设导向的包容性国际产能合作》,《经济与管理研究》2019年第5期。

重超过28%，拥有齐全的产业门类和完善的产业配套体系，联合国工业发展组织划分的22个制造业大类行业中，中国的增加值均居世界前列，电子信息、纺织、服装产品出口额占全球的30%以上。联合国工业发展组织发布的2020年竞争性工业绩效指数（Competitive Industrial Performance Index），中国为0.37，仅落后于德国的0.47，居世界第二位。相比之下，大多数共建"一带一路"国家的工业化水平低，制造业比较弱小且缺乏国际竞争力，工业制成品需要大量进口。但与此同时，共建"一带一路"国家或者拥有丰富的资源，或者拥有丰富的低成本劳动力，相比之下，中国需要大量进口能源、资源，随着工资水平的持续快速上涨，劳动力成本优势不断削弱，劳动密集型企业存在优化产业布局的需要。以国际合作产业园区为例，中国拥有丰富的资金、高素质人力资源、生产技术、规模化量产能力、供应链管理能力、园区和企业的建造技术、丰富的施工经验、园区规划建设运营经验，而共建"一带一路"国家拥有差异化的技术、差异化的人力资源、自然资源、区位条件和市场，这种差异性构成双方共建国际产业合作园区的基础。

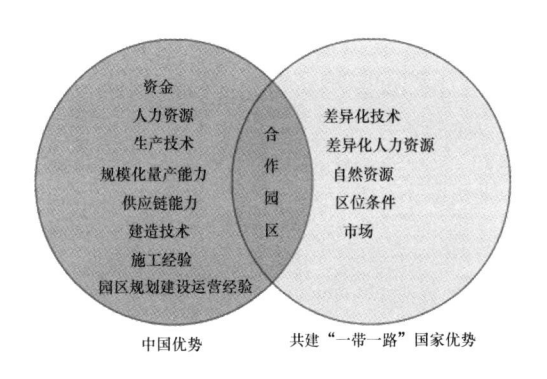

图2 产业园区合作实现中国与共建"一带一路"国家优势互补

4. 能力导向

"一带一路"倡议不同于传统的国际直接投资，它通过国家间的合作，帮助发展中国家完善基础设施、发展产业，增强经济发展的自生能力。参与共建"一带一路"的发展中国家具有自然资源、区位和劳动力优势，之所以这些优势无法转换成经济增长的动力、处于"低水平陷阱"难以自拔，很大原因是经济发展水平低、资金匮乏，没有力量进行基础设施建设。基础设施建设投资大、回收周期长，发展中国家政府缺少财政资源提供这些公共物品，以利润最大化为导向的跨国公司更不愿涉足。中国推动的"一带一路"倡议，与参与共建"一带一路"的发展中国家的合作是一套组合拳。一方面，签订政府间协议、实现发展战略对接，将加强基础设施建设作为共建"一带一路"的优先方向，鼓励实力强、信誉好的企业在共建"一带一路"国家开展铁路、公路、港口、电力、通信等基础设施建设，有效增强共建"一带一路"国家的运输、能源、信息基础设施供给能力，使现代化生产经营活动以及产品的流通、输出成为可能。另一方面，中国企业在共建"一带一路"国家建设产业园区，投资建立生产企业，将中国具有全球竞争力的生产能力、供应链管理经验和国际市场销售渠道带到共建"一带一路"国家，使共建"一带一路"国家的自然资源、劳动力优势得到发挥。由于中国许多制造业领域特别是劳动密集型产业的制造能力居于世界前列，并且中国企业提供的并不是落后产能而是具有国际竞争力的产能，因此"一带一路"产能合作不但使共建"一带一路"国家的产业得到发展，而且具备了在全球市场上的竞争力。

（二）"一带一路"国际产能合作的机制

国际产能合作由于实现了战略对接，因此企业无论是参与基础设施建设、投资运营产业园区还是投资生产、在本地建立生产能力，都能抓住共建"一带一路"国家的重点项目或重点区域。"一带一路"国际产能合作能够助推国家的工业化进程、帮助发展中国家建立产业发展的自生能力，从而进入可持续的发展轨道，也有助于中国企业完善产业链全球布局、扩大市场规模。

1. 外部资金注入打破"低水平陷阱"锁定

根据黄群慧等基于2014年数据的测算，共建"一带一路"国家的工业化进程差异巨大，测算的65个国家中，1个国家处于前工业化阶段，14个国家处于工业化初期，16个国家处于工业化中期，32个国家处于工业化后期，两个国家处于后工业化阶段，其中中国工业化水平处于工业化后期的中段，有44个国家的工业化水平低于中国。[1] 一些国家发展水平低、资本严重匮乏，甚至一些国家担负着沉重的债务负担。根据世界银行所做的债务可持续性分析，参与"一带一路"倡议的低收入发展中国家中，三分之一面临着债务困境高风险问题的困扰，近三分之二面临着债务脆弱性上升的问题。[2] 这些低收入发展中国家很难拿出足够的资金改善基础设施，因此，在没有外部支持的情况下，被锁定于"低水平陷阱"，难以进入工业化的进程。"一带一路"倡议以基础设施建设为先导，通过政府的担保以及亚投行、"丝路基金"低成本资金的支持，增强了参与基础设施建设的私人资本的耐心，帮助共建"一带一路"国家改变基础设施薄弱的现状。共建"一带一路"国家基础设施的投入需要大量的钢铁和水泥等建筑材料、建筑机械、丰富的施工经验，而中国改革开放四十多年的产业发展和基础设施跨越式建设，

---

[1] 黄群慧、韵江、李芳芳编：《"一带一路"沿线国家工业化进程报告》，社会科学文献出版社2015年版。

[2] International Bank for Reconstruction and Development/The World Bank，"Belt and Road Economics: Opportunities and Risks of Transport Corridors"，2019，https://openknowledge.worldbank.org/bitstream/handle/10986/31878/9781464813924.pdf.

恰恰形成在钢铁、建材、建筑机械等领域的巨大产能,在基础设施建设方面具有效率高、成本低的能力和优势。

2. 基础设施建设优化营商环境

参与共建"一带一路"的发展中国家具有劳动力成本、自然资源丰富等方面的优势,基础设施的匮乏严重阻碍了比较优势转化为竞争优势和经济增长的动力。能源、交通、通信等基础设施的改善,使得沿线国家内部各地区之间以及与世界市场联系起来,资源、产品得以进入国内与国际经济活动的大循环。产业园区的建设使得共建"一带一路"国家具有了承接吸引外国投资、发展本国具有比较优势产业的空间载体。随着基础设施和产业园区建设的推进,共建"一带一路"国家的营商环境得以改善,增强了对资源型、劳动密集型产业的国际投资的吸引力。对于中国来说,一方面,国内产业发展、人民生活水平的提高需要稳定的能源、原材料等供应,共建"一带一路"国家能源和资源供应能力的增强有利于加强国内的资源保障;另一方面,随着国内劳动力成本的上涨,中国在劳动密集型产业、加工组装等劳动密集型环节的优势不断削弱,发展中国家产业承接能力的增强为中国企业的产业转移提供了合适的载体,有利于中国企业在全球范围内优化价值链布局、保持国际竞争力。

3. 产能合作启动工业化进程

"一带一路"倡议对于发展中国家来说,既是"授人以鱼"也是"授人以渔"。中国不仅通过与共建"一带一路"国家的政府间合作帮助沿线国家获得发展所需要的资金,而且在发展中国家进行了许多产业合作园区建设和大量的产业投资。这些产业园区和产业项目大都着眼于利用参与共建"一带一路"的发展中国家在自然资源、劳动力等方面的比较优势,并通过将比较优势与生产能力结合起来形成共建"一带一路"国家的国际竞争优势。例如,纺织服装行业是高度劳动密集型行业，对知识、技能的要求不高，但是有一定的资本门槛。中国企业在共建"一带一路"国家投资建设服装工厂，充分利用了当地丰富劳动力资源；由于工资水平低，生产的服装产品在全球市场上具有价格竞争力；完善的基础设施则建立起共建"一带一路"国家与国际市场的联系，对将具有国际竞争力的产品销往全球市场形成有力的支撑。数据显示，许多共建"一带一路"国家的矿产资源、服装、电子等产品的出口额呈现快速增长的势头。以国家间合作为基础并由此撬动的基础设施投资，通过改善基础设施条件加强了参与共建"一带一路"的发展中国家对产业资本的吸引力，市场的力量得以发挥，实现"政府搭台，企业唱戏"的效果。中国与共建"一带一路"国家在产业园区和具体产业领域的产能合作使其发挥比较优势并在全球范围内拥有竞争力，获得工业化深入推进所需的资本积累；不断完善的园区基础设施和持续扩大的产业进一步吸引新的产业投资进入，使沿线国家的产业自生能力显著增强，经济发展开始加速，进入良性循环发展。世界上人口超过500万、GDP规模超过100亿美元的高速增长国家主要是共建"一带一路"国家。

4. 自生能力增强推动产业链延伸

世界各国的工业化之所以普遍从劳动密集型的纺织服装业开始，是因为纺织服装业具有高收入弹性的巨大国内外市场，纺织服装产业市场规模的扩大使得采用机械化大规模生产有利可图，从而不断引发分工深化的连锁反应，衍生出更多的产业部门。[①] 在参与共建"一带一路"的发展中国家的工业化起步阶段，由于以服装为代表的劳动密集型产业规模小，从国外进口机器设备和上游原材料、零部件的成本更低。随着发挥比较优势、进入国际市场，劳动

---

① 文一：《伟大的中国工业革命》，清华大学出版社2016年版。

密集型产业规模不断扩大,一方面,在上游产业的投资可以在本地找到足够的市场,节约了货物国际运输的成本,变得有利可图;另一方面,进一步增强劳动密集型产业的国际竞争力要求对国际市场需求变化做出即时反应,在本地强化产业配套有助于提高供应链的反应速度。由此,发展中国家的经济发展进入"基础设施联通→劳动密集型产业发展→资本密集型产业发展→产业配套完善"的良性循环,[①] 逐步建立起钢铁、有色、石化、化工等基础工业,劳动密集型产业链条更加完整。

5. 强化进出口和产业链合作

从短期看,国际产能合作带动了中国制造业产品特别是与基础设施建设、产业投资相关的高端装备、上游材料和零部件的出口。从长期看,随着共建"一带一路"国家经济的增长、国内生活水平的提高和产业升级,不仅会进一步扩大对工业投资品、投入品的进口,而且国内居民对现代生活相关的消费品需求也会显著增长,其中不少是中国最具国际竞争力且发达国家已经转移出去、低成本发展中国家尚未发展起来的产业,将会带动中国投资品和消费品的出口。近年来,随着中国的经济发展,工资水平持续攀升,一些劳动密集型产业或产业链环节在中国已经不具备比较优势,存在着向更低成本地区转移、实现价值链最优布局的驱动力,国内产业向研发设计、品牌管理、核心零部件等高端价值链环节升级。参与共建"一带一路"的许多国家经济发展水平低于中国,工资水平比中国也低很多,和中国具有很强的产业互补性。随着沿线基础设施的升级、产业园区的建设发展和产业配套体系趋于完善,将有更多的劳动密集型环节从中国转移出来,形成中国与共建"一带一路"国家之间在价值链环节的分工,构建"一带一路"价值链,实现中国与

---

① 李晓华:《能力建设导向的包容性国际产能合作》,《经济与管理研究》2019年第5期。

共建"一带一路"国家的共赢,并进一步带动参与共建"一带一路"各国作为一个整体在全球制造业和经济格局中占据更为重要的地位。

三 "一带一路"产能合作展望与建议

"一带一路"倡议自提出以来获得越来越广泛的响应。随着加入"一带一路"倡议的国家和地区不断增多、沟通更加畅通、合作更加紧密,"一带一路"产能合作也将获得更大的发展。同时,也需要解决"一带一路"产能合作中存在的问题和发展中的制约及障碍。

(一)展望

1. 合作地域范围扩大

"一带一路"不是一个封闭的朋友圈,而是一个开放、包容的平台,对所有有兴趣的国家开放,其目的是通过互联互通,让世界各国共享经济发展的成果,成为共同的机遇之路、繁荣之路。习近平主席2017年5月14日在首届"一带一路"国际合作高峰论坛开幕式上做了题为《携手推进"一带一路"建设》的演讲,明确指出"一带一路"的合作范围是"重点面向亚欧非大陆,同时向所有朋友开放。不论来自亚洲、欧洲,还是非洲、美洲,都是'一带一路'建设国际合作的伙伴"。[①] "一带一路"倡议提出后,中国积极同联合国、东盟、非盟、欧盟、欧亚经济联盟等国际和地区组织的发展和合作规划对接。中拉开启"一带一路"对接之门,2017年,智利、阿根廷、墨西哥、巴拿马等国家表示愿意参与

---

① 习近平:《携手推进"一带一路"建设》,《光明日报》2017年5月15日。

"一带一路"倡议或与中国签署"一带一路"建设备忘录；巴西是亚投行创始成员国，秘鲁、委内瑞拉、玻利维亚、智利、阿根廷、厄瓜多尔6个国家也在2017年获批加入亚投行。① 截至2023年1月，中国已同151个国家和32个国际组织签署200余份共建"一带一路"合作文件，"一带一路"朋友圈不断扩容。此外，中国通过与沿线国家建立贸易投资合作机制和合作工作组，不断健全合作机制，深化双边合作。面对新冠疫情在全球范围内暴发，中国积极向共建"一带一路"国家提供口罩、防护服、消杀用品、疫苗等抗疫物资。2020年中欧班列开行达12406列，已超过2019年全年开行量，运送货物113.5万标箱，同比增长50%、56%，往返综合重箱率达98.4%，更重要的是，2020年中欧班列也向沿线有需要的国家源源不断输送了医疗物资近939万件，架起了一条"生命线"。向全球特别是共建"一带一路"国家提供公共物品，彰显大国担当，合作共赢、互惠互利、共谋发展的理念更加深入人心。而且向共建"一带一路"国家的投资逆势增长，为各国经济早日复苏打下了基础，凝聚了更多发展共识。由于"一带一路"倡议坚持"'一带一路'建设将由大家共同商量，'一带一路'建设成果将由大家共同分享"，② 而且"一带一路"倡议的效果不断涌现、示范效应不断增强，将吸引更多国家和地区加入"一带一路"倡议，产能合作将是"一带一路"合作的重要组成部分。

2. 合作规模持续扩大

"一带一路"国际产能合作成为沿线发展中国家的工业化进程和经济增长的重要推动力量，随着共建"一带一路"国家产业配套

---

① 王胜文、顾大伟、邢厚媛主编：《中国对外投资发展报告2018》，2019年1月，商务部网站，http：//images. mofcom. gov. cn/fec/201901/20190128155348158. pdf。

② 习近平：《携手推进"一带一路"建设》，《光明日报》2017年5月15日。

体系的不断完善和国内市场规模的扩大，国际产能合作的规模将持续扩大。一方面，"一带一路"国际产能合作加大了共建"一带一路"国家在制造业特别是劳动密集型产业的投资，对于一些发展水平低、基础设施薄弱的国家，"一带一路"国际产能合作的投资构成制造业投资的主要部分。这些投资形成制造业的生产能力，并通过三种效应形成不断强化制造业发展的正反馈机制。一是群栖效应，即龙头企业投资会带动与它配套的产业链上下游企业一起投资；二是示范效应，即已投资企业良好的经济效益会吸引更多的海外企业前来投资；三是孵化效应，即本地企业进入该产业领域，为大型国外企业进行配套，甚至直接与国外大企业开展竞争。另一方面，共建"一带一路"国家的经济发展，不但带来国内产业上下游投入需求的增长，也带来最终消费需求的增长。扩大的市场规模将会吸引更多的中国企业投资设厂，以满足本地产业和居民消费需求。有研究表明，"一带一路"国际合作园区经济效益的显现具有滞后性，合作区建立后5—12年经济大幅增长30%。[1] 2020年前三季度，中国对共建"一带一路"国家非金融类直接投资达130.2亿美元，同比增长29.7%，高出全国整体增速32.3个百分点，占前三季度总额的16.5%，较2019年同期提升4.1个百分点。[2] 可以预计，未来"一带一路"倡议将继续深入推进，国际产能合作规模将会持续扩大。

3. 分工合作更加紧密

"市场的范围决定分工的水平。"在国际产能合作的早期，由于当地的市场规模有限，跨国公司通常采取在本地组装，从海外进口

---

[1] 李金叶、李春莹：《境外经贸合作区对"一带一路"沿线国家的经济效益研究》，《商业经济研究》2020年第2期。

[2] 王胜文、邢厚媛：《中国对外投资合作发展报告2020》，2021年2月，中国政府网，http://www.gov.cn/xinwen/2021-02/03/5584540/files/924b9a95d0a048daaa8465d56051aca4.pdf。

原材料、零部件的方式组织生产。当市场规模扩大后，更细致的分工成为可能，靠近总装企业进行原材料、零部件的生产将成为经济上更优的选择。因此，国际产能合作将会由最终产品的加工组装向产业链上游的原材料、零部件生产以及下游配套服务扩展。以纺织服装行业为例，中国企业早期在共建"一带一路"国家的投资主要集中在服装加工领域，面料、服装配件等需要从中国国内进口，共建"一带一路"国家也呈现服装出口额和纺织品进口额同步增长的态势。但是随着共建"一带一路"国家服装加工能力的提高、产业规模的扩大，中国企业的投资将会扩大到产业链上游环节，棉纺、化纤、印染、塑料和金属制品等为服装行业配套的产业将会发展起来。在价值链层面，早期的产能合作主要集中于加工组装环节，随着本地市场规模的扩大，跨国公司也会更加关注本地化的需求，通过设立研发中心开发适合本地化的产品，通过设立服务机构满足本地化的服务需求，产能合作将会从全球价值链中间的加工组装环节向两端的研发设计、品牌营销扩展。在产能合作的投资方向上，早期主要是中国向参与共建"一带一路"的发展中国家的投资，随着共建"一带一路"国家经济的发展和本土企业的成长，也将会有越来越多逆向的由共建"一带一路"国家向中国的投资，通过逆向FDI，利用中国的资金、人才和产业配套。

4. 国际地位不断凸显

近年来，世界经济呈现"东升西降"的特点。在全球制造业增加值占比中，高收入国家从2005年的74.5%下降到2018年的53.8%，中等收入国家从2005年的25.2%提高到2019年的46.7%，其中中等偏上收入国家提升了近20个百分点。从制成品出口占全球比重看，2005—2018年，高收入国家占比从77.1%下降到68.0%，中等收入国家占比从23.3%提高到31.5%，其中，中等收入偏上国家占比从 19.6% 提高到 26.9%。[①] 随着"一带一路"倡议和国际产能合作的深入推进，参与共建"一带一路"的发展中国家的基础设施不断完善、产业持续发展，在世界制造业与制成品出口中的比重有望进一步提高。作为"一带一路"国际产能合作的发动机，近年来中国产业的创新能力不断增强、产业发展水平和在全球产业链中的地位不断提高。同时，由于生产要素等成本不断上涨，中国劳动密集型产业也存在向更低成本国家转移的要求。这就意味着，中国与"一带一路"国家间的产业合作将由原来的产业间分工向产业内和产品内分工转变，不断深化的产业链联系将进一步提升"一带一路"国家在全球产业分工中的重要性和影响力。

（二）建议

尽管"一带一路"国际产能合作发展迅速并取得了积极的成效、发展前景光明，但是也存在不少的问题，比如产能合作的分布不平衡，投资规模整体偏小。国际产能合作面临着全球化逆流、新冠疫情冲击等重大环境变化，一些国家国内政治和经济不稳定、法律法规不健全、信用状况相对较弱，加大了国际产能合作的风险。国内"走出去"企业国际化经验不足和对东道国情况不熟悉等因素，造成一些市场化的国际产能合作项目投资难以回收。为更好地使"一带一路"国际产能合作取得更大进展和成效，建议中国及其他共建"一带一路"国家政府在以下方面做出改进。

第一，加强政策沟通，进一步深化国际产能合作。中国除了与共建"一带一路"国家签署共建"一带一路"合作协议、进行规

[①] 李晓华：《制造业全球产业格局演变趋势与中国应对策略》，《财经问题研究》2021 年第 1 期。

划和战略对接等工作外,还应同共建"一带一路"国家持续进行政策沟通,对标国际高水平自由贸易协定,推进双边或区域性自由贸易协定的谈判,扩大对外开放的深度和广度,进一步促进商品、服务和资本的流动。一方面,更好地推动中国企业在共建"一带一路"国家投资,另一方面,也吸引共建"一带一路"国家加大对中国的投资规模、扩大投资的领域。

第二,加强共建"一带一路"国家风险评估,降低产能合作风险。推动中国驻外领使馆、国内智库机构、金融机构、信用评估机构加强对共建"一带一路"国家政治、文化、社会、经济、产业等方面信息的收集,编制国别报告、产业发展报告、国家风险评估报告并定期发布。商务部等有关部委通过政府购买服务的方式向中国"走出去"企业提供支持,帮助他们了解投资意向国的政治、经济和社会情况,评估投资机会和风险,从而优化投资方向和投资布局,防止盲目上马项目或恶性竞争,切实防控风险,提高国际产能合作的质量。

第三,区分产能合作的方式,实现政府与市场协调。在基础设施建设、政府主导的产业园区建设领域,以政府主导企业参与为主,通过政府间援助资金、亚洲基础设施投资银行、丝路基金,以基础设施建设带动中国产品输出。在园区建设(非政府合作)、企业直接投资等领域,更好地发挥企业的自主权,由企业决定投资的地点、产业领域、投资规模和速度。

第四,推动成立行业中介机构,协调海外投资活动。鼓励在海外同一区域或国家(地区)的中资企业、金融机构成立中国企业商会,为中国企业在海外投资提供关于当地制度、法律、市场、产业等方面的信息,提供法律、政府关系支持服务。制定当地中资企业共同遵守的规范,加强企业间的协调与合作,推动中国企业遵守当地法律法规,遵守公平竞争的市场秩序,防止无序和恶性竞争,积极履行社会责任,为当地经济和社会发展贡献力量。[①]

第五,支持服务企业"走出去",为产能合作提供支撑。工业行业的发展离不开生产性服务业的有力支持。随着中国企业在共建"一带一路"国家投资规模的扩大、产业领域拓展、产业链延长,形成更多的生产性服务业需求。在继续支持工业企业"走出去"开展投资合作的同时,应出台政策支持现代金融、对外贸易、法律咨询、商贸流通等领域的企业加强共建"一带一路"国家的投资,特别要鼓励工业企业在中国国内的商业合作伙伴"组团"开展在共建"一带一路"国家的产能合作。

[①] 《国务院关于推进国际产能和装备制造合作的指导意见》,2015年5月16日,中国政府网,http://www.gov.cn/zhengce/content/2015-05/16/content_9771.htm。

"一带一路"倡议：供应链弹性是可持续发展的先决条件

亚历山德罗·乔治塞斯库（Alexandru Georgescu）[*]

摘要： 新冠疫情表明，所谓的"高影响度、低概率"的事件可以对分布在全球的供应链和生产链产生巨大的影响，无论是直接通过国家行动还是通过系统效应间接影响。本文认为，曾经在中国的参考文献中预测到的"一带一路"的成功是基于其在假定正常情况下的经济表现。然而同样的，"一带一路"的成功也取决于它对具有全球影响的事件造成的破坏的抵御能力。特别地，供应链弹性成为经济和战略意义上可持续发展的先决条件。

关键词： 供应链安全、"一带一路"、弹性、可持续性、信息不对称

---

[*] 罗马尼亚国家信息学研究和发展研究所（National Institute for Research and Development in Informatics）专家，关键基础设施系统风险工程（Risk Engineering for Critical Infrastructure Systems）博士。

一　前言

"一带一路"倡议是一个庞大的项目，其作用是建立基础设施，努力促进贸易、资源流动、资本流动和创新流动，同时促进"民心相通"。"一带一路"倡议的比较优势是能够在较长时间内可信地调动资源，而西方式的政府持续更迭以应对选民偏好的转变，使他们不可能实现上述这一点。因此，"一带一路"倡议在一定程度上对西方的主流说法提出了"挑战"，而中国在发展中世界的合作伙伴也越来越多地参照中国的经济发展和资源调动模式。此外，亚洲基础设施投资银行等机构的建立，被认为是试图取代或提供西方支持的国际金融和发展生态系统的替代方案，因此可以理解，尽管"一带一路"倡议承诺分享经济利益，但西方国家和机构仍对其抱有焦虑和敌意。

自 2013 年创建以来，"一带一路"面临的第一个巨大挑战是全球新冠疫情的影响，其直接影响以及为控制其蔓延的相关防疫措施导致"一带一路"建设投资的下降，"一带一路"项目的实施出现了问题，同时这也培养了反对不断深化的全球经济一体化的说法。全球化可能给那些有能力掌握它的人带来巨大的经济利益，但它也使其追随者面临一连串的破坏和风险、脆弱性和威胁的传播，这些风险、脆弱性和威胁是由全球环境的快速变化及其对难以理解和预测的复杂系统的影响造成的。

本文认为，如果"一带一路"倡议要摆脱这场大流行的影响，在疫情后得到加强并能够回应批评者，那么供应链的弹性和可持续性必须成为"一带一路"叙事、议程和政策工具箱的重要组成部分。Chan 等人提出："需要物流和供应链管理的创新商业模式来支持如此巨大的雄心。"① 即"一带一路"要整合六十多个国家，覆盖了世界三分之二的人口，项目累计价值超过2.5万亿美元，而且"物流和供应链创新将促进商业和经济发展的可持续性"。②

我们提出了一系列战略和战术方面的建议，这些建议将有助于增强"一带一路"供应链的弹性。我们还申明，从安全的角度看待"一带一路"，对于解决复杂的基础设施系统、供应链和生产链中的新问题，以及促进"一带一路"倡议中不同利益相关者之间更大的合作，都是必要和可取的。

二 原理：多边主义和可持续性

我们认为，"一带一路"的长期可持续性取决于不断完善多层次的弹性治理，特别是对高影响和低频率事件的弹性，例如应对新冠疫情和近年来的各类威胁，如"灰犀牛"事件（已知存在的问题，但直到爆发前都被忽视）、"黑天鹅"事件（在发生时都是前所未有、意想不到的问题）、"粉红大象"事件（人人都知道的问题，但由于解决它们的争议性很大而未得到解决）等。

此次新冠疫情警示了全球化基础设施链中断的潜在威胁，全球化的基础设施链条的中断从一个地区和相关部门传递到另一个地区。从新冠疫情背景下，对民族主义行为和以邻为壑政策的指责中，人们感受到了保护主义和单边主义的新趋势，至少在新冠疫情暴发后的不确定性高峰期间是这样。这导致反对"一带一路"倡议

---

① Chan, H. K., Dai, J., Wang, X. and Lacka, E., "Logistics and Supply Chain Innovation in the Context of the Belt and Road Initiative (BRI)", *Transportation Research Part E: Logistics and Transportation Review*, Vol. 132, 2019, pp. 51–56.

② "INFRASTRUCTURE 360 REVIEW-BRI FOCUS: Progressing through the Pandemic", Refinitiv, 2021, https://www.refinitiv.com/content/dam/marketing/en_us/documents/reports/infrastructure-360-review-bri-focus.pdf.

的话语发生了重要转变。

以前的这类说法是，必须反对"一带一路"倡议，以破坏中国的战略利益和预期的目标，无论是地区的还是全球的。现在渐渐地形成了一种新的叙述方式，该叙述在大流行引发的危机期间进一步扩大，其重点是"一带一路"合作的风险结果：项目或与中国合作实施项目的环境影响、合作的财务影响，通过所谓"债务陷阱"和"债务外交"，对中国的全面战略依赖以及暴露于其所谓的战略或任意决策，大流行期间关键供应链的中断，以及随后在恢复期间对全球运输的稀缺能力和其他稀缺资源的竞争，这些都引发了进一步的经济焦虑和对中国的怨恨（同时也是钦佩）。欧盟支持的"全球门户"倡议也有类似的基础设施重点内容，特别是美国支持的"蓝点网络"计划，强调对基础设施的选择、融资和可持续实施的治理，将其相对于"一带一路"倡议的卖点定义为治理模式，他们的治理模式考虑到财务可持续性、劳工保护、环境问题和许多其他方面。

在这种新方法的背景下，"一带一路"的成功需要采取切实有效的行动来提高可证明的弹性，提高可持续性，并解决"一带一路"对较小国家、较小经济体和小公司等造成的不对称问题。①

弹性是指关键基础设施系统，如"一带一路"倡议或其单个资产和组件，将破坏性事件影响的风险降到最低的能力，并在发生破坏性事件时将严重依赖该系统的用户和利益相关者受到的损害降至最低，并确保迅速恢复到系统可接受的功能水平的能力。② 在一个

---

① Ram, J., Zhang, Z., "Belt and Road Initiative (BRI) Supply Chain Risks: Propositions and Model Development", *The International Journal of Logistics Management*, Vol. 31 Iss. 4, September 2020, pp. 777-799.

② Georgescu, A., Gheorghe, A., Piso, M. - I. and Katina, P. F., "Critical Space Infrastructures: Risk, Resilience and Complexity", Springer International Publishing, 2019.

有弹性的系统中，危机以最小的破坏和最大的适应性发生。

可持续性是一个系统在各种挑战和限制条件下，包括生态、社会、资源、政治、技术，以保持系统活力和尽量减少系统病变（污染、退化、功能丧失）的方式运作的长期能力。[1]

从这些定义来看，弹性可以被认为是可持续性的前提条件。抵御意外冲击（例如最近在全球经济中经历的多重冲击）必须成为优先事项。我们看到了三种类型的冲击：由中断引起的冲击，由危机导致的对原本萎缩的系统的需求恢复引起的冲击，以及由极端天气等独立事件引起的冲击，这些事件恰好发生在特定时刻，加剧了其他类型冲击的破坏性影响。与"一带一路"倡议无关的例子包括以下这些。

* 石油储存冲击。第一阶段危机引起的经济放缓导致了石油消费的放缓，就美国而言，在油轮为履行合同而航行时，导致了储存能力的稀缺。情况变得如此严峻，以至于未来的石油价格达到了负值，因为合同持有者愿意在交货前向其他人支付费用来接管合同，而不是接受他们没有地方储存的石油。

* 随着经济复苏带来的能源需求增长，加上俄罗斯、美国和俄罗斯的欧洲天然气客户之间的地缘政治危机，导致天然气价格快速增长，虽然储量不高，但没有实际短缺。

* 半导体危机。汽车制造业的发展放缓导致芯片制造商调整方向，转向表现更好的行业，如家用电子产品制造业。汽车制造商希望重启生产，但产能不足，因为增加一个新的制造单元需要数年时间和数十亿美元，与新冠疫情期间的市场波动速度形成鲜明对比。

* 美国和英国等国家的物流危机引发了人们对货架库存和从

---

[1] Vevera, V., Cirnu, C. E., Georgescu, A., "Blockchain in the Management of Complex Systems-Impact on Sustainable Development", in Ranf, D. E., Bucovețchi, O., Badea, D. eds., *Sustainability Management and Managerial Sustainability from Classic to Modern Paradigms*", Academiei Forțelor Terestre Nicolae Bălcescu Sibiu, 2021, pp. 214–233.

港口到客户的物流链的充分运行的担忧。这是在持续的疫情限制和影响劳动力的健康问题背景下发生的。同时，经济复苏要求运输部门满足延迟消费（在正常时期自动高于随时间平滑的消费量），运输公司无法解决这些问题，因为他们在危机期间已经萎缩（由于需求恢复的不确定性，已经出售卡车、解雇司机等）。

* 塑料的供应链危机。墨西哥湾地区的极端天气事件影响了美国的碱性树脂原料及其他应用于多个行业的塑料的原料供应商。

* 对集装箱运输能力的需求增加，导致了各类客户和各国之间的竞标战，一些国家支付溢价以确保他们能够履行出口承诺。

* 在一个典型的失败升级的案例中，零售商和其他进口商面临着获取货物的长期延误，并习惯于由于成本而无法维持足够的库存来满足中间时期的需求，因此他们开始向供应商下更多的订单，以确保他们手头有更多的库存，以防未来发货出现进一步延误。这给系统增加了更大的压力，造成了进一步的延迟。

三 "一带一路"供应链的观点

根据 Ram 和 Zhang 的说法，"一带一路"供应链面临着由操作流程、信息和环境缺陷所引发的综合风险。[①]

*安全环境、监管环境、竞争、客户状况、融资状况等外生因素导致的外部驱动或环境风险。

*由于流程和组织目标之间的不兼容而出现的内部驱动或流程风险，其中包含与运营、流程、授权等相关的风险。

---

① Ram, J., Zhang, Z., "Belt and Road Initiative (BRI) Supply Chain Risks: Propositions and Model Development", *The International Journal of Logistics Management*, Vol. 31 Iss. 4, September 2020, pp. 777 – 799.

＊由于包含与流程、运营、战略决策、合同、业务报告等相关的风险的信息不准确、不完整或过时而产生的信息或决策驱动风险。

图1显示了分析"一带一路"供应链问题的主要小标题。

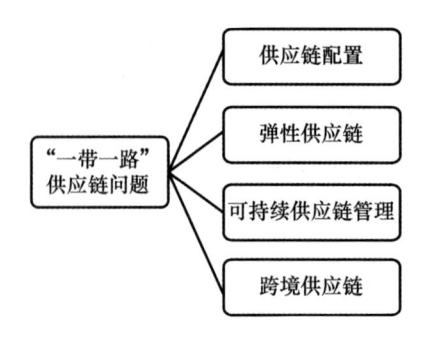

图1 "一带一路"供应链问题[①]

一个简单的看待供应链风险随时间演变的方法是，尽管"一带一路"倡议的核心是努力减少跨境贸易和其他交易中的交货时间和摩擦，但地理距离的增加和通过"一带一路"互联互通的各种行为者之间互动的指数级增长，将给供应链的管理带来新的挑战，如中断风险和可持续性问题。

除了获取必要商品和服务的简单中断外，风险还包括用于紧急目的的不可持续的供应管理、缺乏风险和责任管理、不平衡的风险分担伙伴关系、缺乏透明度、项目评估不足、不兼容的公司治理结构、网络安全等问题。[②]

[①] Butt, A. S., Arshi, T. A., Rao, V., Tewari, V., "Implications of Belt and Road Initiative for Supply Chain Management: A Holistic View", *Journal of Open Innovation: Technology, Market, and Complexity*, Vol. 6, Iss. 4, 2020.

[②] Ram, J., Zhang, Z., "Belt and Road Initiative (BRI) Supply Chain Risks: Propositions and Model Development", *The International Journal of Logistics Management*, Vol. 31 Iss. 4, September 2020, pp. 777–799.

四 设计中的弹性：主要建议

本节提出一些关于通过治理的系统性转变（无论是在融资层面还是作为由广泛利益相关者支持的一般政策）在"一带一路"供应链中实现弹性的建议。实施一项需要许多行为者同意的变革可能很困难，而且行动和结果之间的联系并不总是那么明显。这些建议也回避了有关实际执行的细节。出于这个原因，下一节将重点讨论利用现有结构提高供应链弹性的具体建议。

以下是一份并不详尽的潜在措施清单。

第一，按照 Caba-Maria 等人[1]、Brînză[2] 和 Ding 等人[3]的建议，通过亚洲基础设施投资银行和其他多边融资来源，实施项目选择和治理的最佳做法。"一带一路"倡议需要"更广泛的融资选择和更多的'一带一路'下的多边项目。'一带一路'项目中涉及多个利益相关方的各种融资方案可以改善项目管理，并减少对中国资本的依赖。"[4] 更好的项目选择和管理的副产品是更加关注安全和可持续

---

[1] Caba-Maria, F., Georgescu, A., Muresan, L. and Mușetescu, R. C., "Promoting the Belt and Road Initiative and 17 + 1 Cooperation in Central and Eastern Europe, from the Perspective of Central and Eastern European Countries", Eikon, 2020, https: //mepei. com/report-policy-analysis-promoting-the-belt-and-road-initiative-and-17-1-cooperation-in-central-and-eastern-europe-from-the-perspective-of-central-and-eastern-european-countries/.

[2] Brînză, A., "China Can Replace Belt and Road Bilateral Deals with Multilateral Cooperation", Nikkei Asian Review, 10 May 2019, https: //asia. nikkei. com/Opinion/China-can-replace-Belt-and-Road-bilateral-deals-with-multilateral-cooperation.

[3] Ding, Y., Xiao, A. and Tian, E., "China's Belt and Road Initiative in a Post-Pandemic World", Invesco Limited Market Views, 15 June 2020, https: //www. invesco. com/invest-china/en/institutional/insights/chinas-belt-and-road-initiative-in-a-postpandemic-world. html.

[4] Ding, Y., Xiao, A. and Tian, E., "China's Belt and Road Initiative in a Post-Pandemic World", Invesco Limited Market Views, 15 June 2020, https: //www. invesco. com/invest-china/en/institutional/insights/chinas-belt-and-road-initiative-in-a-postpandemic-world. html.

性，包括 Hanson 和 Fu[①]在描述"软商品"的供应链安全时所说的两者之间的关系。这方面的一个例子是，伦敦证券交易所增加了对"一带一路"项目资助[②]和加大对人民币国际化的支持，为"一带一路"基础设施项目筹集了 800 亿美元的股权资本和 1700 亿美元的债务资本，同时在交易所上市的 290 家公司来自"一带一路"的 41 个部门和 38 个国家。

第二，Hanson 和 Fu[③]强调，在涉及商品供应链时，安全、可持续性和环保之间存在联系。尽管需要远见和投资，但"绿化"并不总是影响供应链，而是可以加强供应链。"一带一路"的环境问题也是美国和欧洲及其他西方大国在国际舆论中对"一带一路"提出的主要反对意见之一，而中国试图通过"绿化""一带一路"基础设施项目选择和其他措施来应对。[④] 中国于 2019 年举行了绿色投资原则签署仪式，并于该年宣布由光大集团设立"一带一路"绿色投资基金，以提供绿色环境、绿色能源、绿色制造和绿色生活，[⑤] 同时还承诺在 2021 年 10 月 31 日至

[①] Hanson, C. and Fu, X. eds., *Green Commodity Supply Chain Index: Contributing to Supply Chain Stability and Sustainability* (*Phase 1 Research*), BRI International Green Development Coalition 2020 Policy Study Series, 2020, http://en.brigc.net/Reports/research_subject/202011/P020201129786820554459.pdf.

[②] The Belt and Road Initiative (BRI), London Stock Exchange Group website, https://www.lseg.com/markets-products-and-services/our-markets/london-stock-exchange/belt-and-road-initiative-bri.

[③] Hanson, C. and Fu, X. eds., *Green Commodity Supply Chain Index: Contributing to Supply Chain Stability and Sustainability* (*Phase 1 Research*), BRI International Green Development Coalition 2020 Policy Study Series, 2020, http://en.brigc.net/Reports/research_subject/202011/P020201129786820554459.pdf.

[④] Martin, X. and Van der Putten, F., "China's Infrastructure Investment and Environmental Sustainability", ISPI Italy, Dossier Sustainability and Infrastructure for New Growth in a Post-Covid Era, 24 June 2020, https://www.ispionline.it/it/pubblicazione/chinas-infrastructure-investment-and-environmental-sustainability-26635.

[⑤] Ladislaw, S. and Carey, L., "Chinese Multilateralism and the Promise of a Green Belt and Road", CSIS Briefs, 5 November 2019, https://www.csis.org/analysis/chinese-multilateralism-and-promise-green-belt-and-road.

11 月 12 日于格拉斯哥举行的 COP26 联合国气候变化大会期间，限制对碳密集型能源项目的投资。① 面对这种环保主义转变的可持续性和成功，西方的分析反应平平。② 然而，中国环境与发展国际合作委员会（China Council for International Cooperation on Environment and Development）强调，绿色价值链"可以增强食品供应的安全性，重建对全球商品贸易的信任，并通过供应商、贸易商、采购商、出口国和进口国在行动与目标上形成共识来填补当前全球治理中的空白"。③ 这也是"一带一路"在其整体供应链中的要求。

第三，中国应继续投资优化跨境连接的项目，例如不断减少将火车集装箱转移到中亚不同轨距铁轨上的时间，或在海关等其他问题上花费的时间。这种连通性的增强减少了国际贸易的摩擦，使供应链能够以更高的效率和可预测性更好地运作。连通性还应该考虑到一种预防全面危害的方法，即确保对可能阻碍跨境流动或导致政府对货物流动采取下意识限制措施的各种危机，进行应急规划。

第四，作为"一带一路"倡议的一部分，中国对促进跨境贸易和资源获取的基础设施进行了大量投资。Refinitiv④ 建立了一个"一带一路"全景基础设施数据库。该数据库将"一带一路"项目与其他中国投资分开，并根据部门进行分类。2020 年，全数据库更新的

---

① Jiang, Y., "China at COP26: Coal, 1.5C and Short-term Actions", China Dialogue, 16 November 2021, https://chinadialogue.net/en/climate/coal-1-5c-and-short-term-actions-china-at-cop26/.

② Ladislaw, S. and Carey, L., "Chinese Multilateralism and the Promise of a Green Belt and Road", CSIS Briefs, 5 November 2019, https://www.csis.org/analysis/chinese-multilateralism-and-promise-green-belt-and-road.

③ China Council for International Cooperation on Environment and Development, *Global Green Value Chains: Greening China's "Soft Commodity" Value Chains. CCICED Special Policy Study Report*, September 2020, https://cciced.eco/research/special-policy-study/global-green-value-chains-greening-chinas-soft-commodity-value-chains/.

④ "INFRASTRUCTURE 360 REVIEW-BRI FOCUS: Progressing through the Pandemic", Refinitiv, 2021, https://www.refinitiv.com/content/dam/marketing/en_us/documents/reports/infrastructure-360-review-bri-focus.pdf.

最近一年，共启动"一带一路"新项目 731 个，价值 4200 亿美元，其中交通基础设施共 179 个项目（占总数的 24.45%），价值 1330 亿美元（占总数的 31.7%）。具有重要跨境供应链价值的制造业和石油天然气行业基础设施投资额分别为 563.6 亿美元（13.42%）和 463.2 亿美元（11.03%）。在正常利用情况下供应链涉及的因素与超过一半的"一带一路"投资直接相关。顺便一提，2019—2020 年，"一带一路"项目投资出现明显下降，投资总额从 8840 亿美元下降到 4200 亿美元，尽管项目数量变化不大，但这表明了新冠疫情的影响，人们也会考虑到在"不积极"的西方国家减少投资。然而，中国在海外的非"一带一路"项目投资额下降幅度更大，这表明"一带一路"在中国与世界的整体投资互动中的重要性不断提高。考虑到这一点，我们建议中国应投资有弹性的基础设施，并强调加强对设施维护的承诺，以确保在基础设施的生命周期内安全开发。从关键基础设施的角度来看，"一带一路"倡议是一个促进贸易、沟通和其他交流的基础设施网络，因此需要认真考虑弹性问题。[1] 实际上，关键基础设施保护的相关政策法律框架非常适用于保证供应链的韧性，因为这些相关法律框架可以保护关键基础设施进而维护其韧性。弹性必须成为"一带一路"项目在过去、现在和未来的明确优先事

---

[1] Caba-Maria, F., Georgescu, A., Mureșan, L. and Mușetescu, R. C., "Promoting the Belt and Road Initiative and 17 + 1 Cooperation in Central and Eastern Europe, from the Perspective of Central and Eastern European Countries", Eikon, 2020, https：//mepei.com/report-policy-analysis-promoting-the-belt-and-road-initiative-and-17-1-cooperation-in-central-and-eastern-europe – from-the-perspective-of-central-and-eastern-european-countries/; Georgescu, A., "Critical Infrastructure Protection for the Belt and Road Initiative", in Dimitrijević, D. and Ping, H. eds., *Initiatives of the "New Silk Road" Achievements and Challenges*, Institute of International Politics and Economics, Belgrade, pp. 191 – 204; Georgescu, A., "Critical Infrastructure Protection-Challenge and Opportunity for the Belt and Road Initiative", *Bulgarian Diplomatic Journal 20/2018*, pp. 265 – 274; Mureșan, L. and Georgescu, A., "A Critical Infrastructure Perspective on the Belt and Road Initiative and its Opportunities and Challenges", in Yang, J. and Obradovic, Z. eds., *The Belt and Road and Central and Eastern Europe*, Shanghai Foreign Language Education Press, 2019, pp. 205 – 228.

项，以便能够对充满挑战的、复杂和快速变化的安全环境作出适当的反应，这些环境受到自然、意外和人为风险、脆弱性和威胁的困扰。就目前正在规划和实施建设的基础设施而言，对它们的关注可从设计阶段开始，由此产生的运输链是"有弹性的设计"，拥有冗余、稳健、灵活、适应性强和加固的系统，有强大的支持组织和利益相关者之间的合作，并受益于解决当今突出的安全问题（如网络安全）的技术解决方案和实施方案。

第五，作为"一带一路"倡议的一部分，正在开发的数字丝绸之路促进了贸易渠道、应用程序、信息服务、电子支付服务等的用户或订阅者数量的增加。Vila Seoane[1]将这些发展与电子世界贸易平台（eWTP）联系起来，该平台将进一步促进和加强"一带一路"沿线国家的贸易和经济发展，特别是在涉及中小企业的层面。与大规模的公司相比，中小企业在跨境贸易中处于劣势，后者更容易管理文化、喜好的差异以及市场和监管规则的差距，同时有能力组织和运行复杂和规模化的供应链。从供应链安全的角度来看，eWTP方法所推动的多样化可能对整体的弹性和市场竞争力产生有益的影响。

第六，与铁路相比，中国对"海上丝绸之路"的发展也极为重视，其在"一带一路"物流和运输中的作用证明了这一点。然而，铁路建设必须继续成为中国的优先事项，包括提供补贴，因为"一带一路"倡议连接中国和欧洲的四条陆路走廊具有地缘政治和地缘经济的优势，而海上运输最容易受到沿途区域地缘政治的影响。由于铁路所提供的固有的多样性，即使它努力以其运输速度和成本的

---

[1] Vila Seoane, M. F., "Alibaba's Discourse for the Digital Silk Road: the Electronic World Trade Platform and 'Inclusive Globalization'", *Chinese Journal of Communication*, Vol. 13, Iss. 1, 2020, pp. 68 – 83.

组合来实现可持续性,也将成为供应链弹性的一个有价值的贡献因素。Wen 等人[①]分析了"一带一路"经济走廊对出口公司路线选择的影响,发现铁路作为海运替代方案有很大的价值,铁路运输与中欧之间的海上运输相比有竞争优势,特别是在交货时间很严格的情况下。

五 具体的建议

就提高"一带一路"供应链弹性的具体建议而言,我们受到"一带一路"倡议中多边层面现有的非制度化合作和治理水平的限制,更具体地说,作为我们特别关注的领域,中国与中东欧国家之间的中国—中东欧国家合作机制。以下大多数提案都依赖于良好的学术和商业合作,无论在全球多极转变的更广泛背景下政治关系的起起落落,以及在区域不稳定背景下伙伴国家的安全优先事项如何,这些良好的学术和商业合作都已建立。本节概述了五个可能的想法,尽管通过利用现有的学术和商业网络,还有许多可能。

第一,为政府和公司专家在"一带一路"供应链安全和风险管理方面,提供初级、高级的继续教育课程和认证。在高校甚至专门的研究和教学机构中,已经在商科、社会、文化研究层面将具有实际应用价值的"一带一路"研究正规化。对"一带一路"倡议弹性和安全,特别是供应链安全的应用研究是必要的,这也可以促进学位和特定教育证书的跨境认可。

第二,根据 Chan 等人的说法,"'一带一路'范式是一个新

---

① Wen, X., Ma, H. L., Choi, T. M. and Sheu, J. B., "Impacts of the Belt and Road Initiative on the China-Europe Trading Route Selections", *Transportation Research Part E: Logistics and Transportation Review*, Vol. 122, 2019, pp. 581–604.

兴话题，特别是在运营管理领域"。① 教育必须辅之以对"一带一路"供应链的实际研究，这些研究可以由跨境团队进行，并由"一带一路"国家集团（可能以区域或部门为基础）以各种集体形式进行资助。"中国—中东欧国家智库合作与交流网络"和"中国—中东欧国家全球伙伴中心"② 这两个现有的机构可以在这方面发挥作用，其他此类机构也可以在"一带一路"层面的研究中发挥作用。

第三，开发"'一带一路'安全供应链指数"或类似名称的产品，以解决"一带一路"合作伙伴经济体和国家由于规模和多样性所带来的信息不对称问题。无论是由一家中国公司、一个大学联盟或一个东西伙伴关系开发的，都可以成为一个工具，以缓解在不确定和不稳定的安全环境中对跨境供应链脆弱性的新担忧，这其中政府的任意限制仍将是一个问题。这种工具的一个例子是"一带一路"国际绿色发展联盟开发的绿色商品供应链指数，该指数"评估主要环境和社会因素对软商品供应链的长期安全和稳定所造成的相对风险"。③ 软商品是指来自林业和农业的原材料和衍生品，与开采的硬商品不同，该指数还旨在确保软商品供应链的"绿色化"，作为对中国建设"生态文明"的既定目标和构建"人类命运共同体"

---

① Chan, H. K., Dai, J., Wang, X. and Lacka, E., "Logistics and Supply Chain Innovation in the Context of the Belt and Road Initiative (BRI)", *Transportation Research Part E: Logistics and Transportation Review*, Vol. 132, 2019, pp. 51–56.

② "中国—中东欧国家智库合作与交流网络"是2015年由中国政府倡议，中东欧国家政府一致同意建立的智库机构，由中国社会科学院牵头组织设立，旨在促进中国与中东欧国家智库机构之间的交流合作；"中国—中东欧国家全球伙伴中心"于2019年4月正式揭牌成立，旨在为促进双方企业贸易投资合作、推动中国—中东欧国家合作深入发展提供政策、法律咨询及智力支持。——译者注

③ Hanson, C. and Fu, X. eds., *Green Commodity Supply Chain Index: Contributing to Supply Chain Stability and Sustainability (Phase 1 Research)*, BRI International Green Development Coalition 2020 Policy Study Series, 2020, http://en.brigc.net/Reports/research_subject/202011/P020201129786820554459.pdf.

理念的贡献。① 然而，该指数主要的目标是供应链安全。该特定指数的主要限制是，它是专门针对中国实体的产品，而不是针对所有"一带一路"相关的实体，这限制了它在"一带一路"建设中对不对称信息流的整合潜力。

第四，根据减少不确定性和信息不对称的一贯主题，以及上一段的理由，我们建议为从事跨境产品流动的公司和其他实体引入"一带一路"供应链安全标准认证。这减少了与外国供应商签订合同的可能风险，并激励公司在安全方面进行某些投资，否则这些投资将被视为无结果的成本而被最小化。这对中小企业和"一带一路"中其他处于弱势的实体尤为重要，因为如前所述，"一带一路"的规模和参与者的知识差距有利于大型公司，其中许多是国有企业（在中国和其他地方）。一个可信的供应链安全认证可以提高潜在客户的信心水平，从而提高竞争和创新潜力。

第五，我们认为，供应链必须超越类似于"即时"库存管理的系统，这种"即时"系统降低了维持手头成品或原材料库存的成本，而倾向于依赖误差率极低的全球供应链。这种系统的节省是显著的，但问题是即使是最轻微的延误，其影响也会波及整个供应链并带来严重后果。然而，在当前全球化阶段下，这么晚才超越这个系统，成本会很高，公司将不愿意这样做。因此，我们主张"一带一路"支持吸收消除"即时"库存管理的成本，既可以通过赠款和补贴来提高存储能力，作为"一带一路"基础设施投资的一部分（这也可以作为亚投行项目和其他金融工具项目的一部分），也可以在初始阶段支付维护库存的一些循环成本。这方面有一个先例，中国国家开

---

① Hanson, C. and Fu, X. eds., *Green Commodity Supply Chain Index: Contributing to Supply Chain Stability and Sustainability* (*Phase 1 Research*), BRI International Green Development Coalition 2020 Policy Study Series, 2020, http://en.brigc.net/Reports/research_subject/202011/P020201129786820554459.pdf.

发银行支持参与"一带一路"项目,但由于新冠疫情而遇到实施问题的中国公司。① Chang 写道:"如果北京想让'一带一路'在短期内取得重大进展,就必须承担更多的财务成本。"② 他指的是贷款结构,但这也可以适用于承担更可持续的供应链弹性商业模式的成本。Boo 和 Simpfendorfer 写道:"对'一带一路'的态度不那么热情[……]可能意味着减少对'一带一路'较小的、不太重要的市场的投资,因为这些市场将这些投资与全球供应链连接起来的机会有限。相对于东南亚,中亚、撒哈拉以南非洲和东欧将相应地看到与'一带一路'有关活动的短期下滑。"③ 为了避免这种情况成为长期趋势,可能需要更大的承诺来支持关键的供应链参与者的转型。

这些想法在图 2 中得到总结。

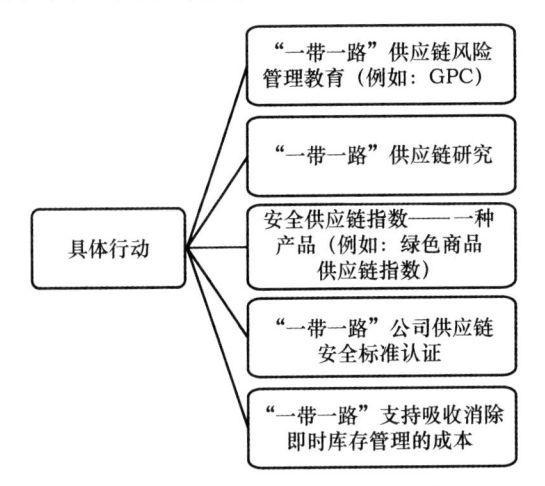

图 2　支持供应链弹性的具体行动

① Russel, D., "The Coronavirus will not be Fatal for China's Belt and Road Initiative but It will Strike a Heavy Blow", South China Morning Post, 19 March 2020, https://www.scmp.com/comment/opinion/article/3075624/coronavirus-will-not-be-fatal-chinas-belt-and-road-initiative-it.

② Chang, F. K., "Lack of Demand: The Coronavirus Pandemic and China's Belt and Road Initiative", Foreign Policy Research Institute, 27 April 2020, https://www.fpri.org/article/2020/04/lack-of-demand-coronavirus-pandemic-belt-and-road/.

③ Boo, B. C. and Simpfendorfer, B., "Will COVID-19 Encourage China to Digitize the Belt and Road Initiative?" Marsh MacLennan, 13 May 2020, https://www.brinknews.com/coronavirus-brings-the-opportunity-to-digitize-chinas-belt-and-road-initiative-bri-covid-19/.

六 总结

"一带一路"倡议是通过国际伙伴关系输送资源而发展起来的，尽管私人和非中国的资金正变得越来越普遍，但从长远看，中国可以长期可信地调动这些资源。[①] 表面上看，它立足于关键的基础设施投资需求，尤其是在发展中国家，并立足于贸易和资本流动增长带来的潜在收益，以及中国正在经历的相对快速的结构性转变，成为一个输出资本和创新的消费经济体。然而，最近的系统性冲击，如新冠疫情，凸显了分布在全球的供应链的脆弱性，进而也凸显了"一带一路"等塑造这种全球互联互通的倡议的脆弱性。美国和一些欧盟国家把中国称为"制度性竞争对手"的批评也因此揭开了新的篇章，他们重点关注"一带一路"互联互通的所谓"不可持续性"和"系统性危险"，相信脱钩、战略自主和"慢全球化"等观点。

本文认为，"一带一路"倡议的成功需要将供应链弹性作为向伙伴国提出的"一带一路"倡议的主要内容，以及已经阐明的合作共赢理念。在这方面，已经提出了一系列提案，但这些提案积极要求"一带一路"和利益相关者之间的协调达到新的水平。然而目前的不确定性和供应链冲击，加之中国和美国之间日益加剧的大国博弈以及这种博弈对第三国产生的影响，使得这种合作不太可能。

Zhang 强调，新冠疫情不会逆转全球化，而是通过重组全球生

---

① Caba-Maria, F., Georgescu, A., Mureșan, L. and Mușetescu, R. C., "Promoting the Belt and Road Initiative and 17 + 1 Cooperation in Central and Eastern Europe, from the Perspective of Central and Eastern European Countries", Eikon, 2020, https://mepei.com/report-policy-analysis-promoting-the-belt-and-road-initiative-and-17-1-cooperation-in-central-and-eastern-europe-from-the-perspective-of-central-and-eastern-european-countries/.

产链，使其朝着多方向发展，并通过不再强调成本作为规划中的单一变量而降低其脆弱性来改变全球化。他总结说："前一波由成本效益驱动的全球化浪潮为人类带来了非凡的利益，但它也创造了赢家和输家。目前的新冠疫情冷酷地提醒我们必须关注失败者的需求，否则我们都将失败。"[①] 如果"一带一路"倡议要在大流行后的全球格局中蓬勃发展，其弹性和可持续性也必须成为"一带一路"的关键词，而不仅仅是繁荣和交流。

---

① Zhang, Y., "A New Wave of Globalization", China-US Focus, 14 May 2020, https：//www.chinausfocus.com/finance-economy/a-new-wave-of-globalization.

"一带一路"的未来:理论分析视角

"一带一路"倡议：中国在地中海地区的影响力

科斯塔斯·古利亚莫斯（Kostas Gouliamos）[*]

摘要： 南欧地区的政治历史是整个地中海最长、最复杂的问题之一。该地区的自然进程曾被各种行为体打断，从而增加了地区和谐与发展平衡的复杂性。在此背景下，软实力维度是需要重视的部分，因为它直接影响国际关系的复杂性。虽然地缘政治重组和跨文化表现一直是南欧地区的主要趋势，但软实力作为一种外交政策机制的重要性一直保持不变。在本文中，我将"一带一路"倡议视为南欧地区所有国家共有的历史和文化遗产。特别是，随着中国寻求相应调整其外交和文化政策战略，其"一带一路"倡议可以形成和影响南欧地区软实力的基本支柱。然而，"一带一路"倡议是巩固中国传统文化和现代文化地位的有力工具，它与南欧地区的民族国家相辅相成，旨在促进人类文明、繁荣与发展的共同进步。此外，在以和谐发展

---

[*] 塞浦路斯欧洲大学前校长，奥地利萨尔茨堡欧洲科学与艺术院会员，法国斯特拉斯堡欧洲委员会高等教育与研究指导委员会成员。

为主题的新时代，"一带一路"既是跨区域的桥梁，也是推动社会以和平、开放、包容、互学互鉴、互惠互利等原则合作，以共同赢得未来的多维机制。

关键词："一带一路"倡议、中国、南欧、软实力

一 绪论：当代"软实力"的基础

不论在地方、国家，还是国际层面，权力始终是政治的主要概念。从古至今，权力亦始终是人类和社会关系发展的主导因素。因此，研究权力对理解国际政治和国际关系而言至关重要。如果说政治是对权力的追求和运用，则国际政治的本质就是权力关系，权力也一向成为在国际政治中实现国家利益的最具决定性手段。权力的概念在古代哲学中既已有之。儒家政治哲学认为人、自然和宇宙三者息息相关，视权力为宇宙的秩序、自然的和谐，并为此求索人的完美人格。

古希腊哲学中，亚里士多德视人为政治动物，视权力为历史进程的基础和注脚，并因此定义变化的源头即为权力。早期非宗教历史哲学奠基人、阿拉伯史学家伊本·赫勒敦（Ibn Khaldun）则认为"变化"是通过魅力型领袖得以实现的周期性过程。抛开思想界、学界的长期争论，国际关系因合作而始，并始终受到权力的影响已为共识。

与此同时，权力的交易属性也是共识，权力越是能够互相影响，越要求具备"相互信任、包容和平衡的治理机制"和"人与自然和谐"的伙伴关系。概括何谓权力，必要区分何谓权力而何谓影响力。政治权力是由政治权威和主权组成的综合概念，而影响力则是以说服——而非武力、威胁或制裁——使对方改变行为。

罗伯特·达尔（Robert Dahl）在《权力的概念》（"The Concept

of Power")中述及"概念性"和"实质性"的权力交换,尤其提出"权力优势",解释为"A 对 B 的权力优势即 A 可使 B 做出本不会做出的行为",并因此认为"权力是一种关系,是人与人之间的关系"。[①] 约瑟夫·奈(Joseph Nye)于此 33 年之后提出权力是通过影响他人而获得期望结果的能力,[②] 以及能够"平衡硬实力和软实力"的"巧实力"的国际政治理论概念。[③]

"巧实力"指特定民族国家将硬实力和软实力结合为成功战略的能力。在约瑟夫·奈看来,使用硬实力的经济和政治后果均十分可观,而使用无形的软实力,理论上不需要耗费大量资源,且即便失败,代价也十分有限。约瑟夫·奈指出,行事风格关乎软实力效力,傲慢或过度自信的行为可能是有害或不利的。此外,为了阐明"软实力"不是一个规范性概念,他在《权力的未来》[④] 一书中引入网络权力,进一步扩充论述范围。

新媒体霸权和技术变革正在重构 21 世纪国际政治格局,对此,约瑟夫·奈针对性指向网络空间的行为体权力差异,特别是全书第二部分"权力扩散和网络权力"一章,将过时的权力政治讨论导向新的方向,聚焦于非国家行为体在数字技术领域日益显著的重要性。诚然,该书个别章节存在如错以圣保罗为巴西首都的谬误。不过,约瑟夫·奈对"软实力"是建立在民族国家"文化主义"而非"硬实力"层面之上的论述,以及对跨区域发展议题的探讨,仍然越来越为特定群体、社会、国家乃至国际社会所重视。

---

① Dahl, R. A., "The Concept of Power", *Behavioral Science*, Vol. 2, Iss. 3, 1957, pp. 202 – 203.

② Nye, Joseph S., *Bound to Lead: The Changing Nature of American Power*, New York: Basic Books, 1990.

③ Nye, Joseph S., "On the Rise and Fall of American Soft Power", *New Perspectives Quarterly*, Vol. 22, Iss. 3, 2005, pp. 75 – 77.

④ Nye, Joseph S., *The Future of Power*, New York: Public Affairs, 2011.

软实力的概念对中国学界、政界的影响毋庸置疑。约瑟夫·奈将软实力资源严格定义为文化、政治观和政治思想，以及对外战略。陈显泗从文化、外交、跨国组织、海外投资、关税减让、交换留学和对外援助等角度继续扩充对软实力的解读。[①] 在中国的和平崛起和社会发展背景下，学界对软实力提出更为精深的阐释，葛来仪（Glaser）和墨菲（Murphy）称此为"中国特色的软实力"。[②] 值得说明的是，随着"软实力"发展而产生的中国国内和对外政策特点应被视作一个有机整体。门洪华教授为此提出以中国的实践来充实中国的软实力讨论[③]——后文将就文化外交领域对此做进一步说明。因此，中国塑造本国软实力模式的过程变得非常重要。[④] 软实力关乎中国的社会发展和民生福祉，关乎其国际形象的塑造。

总体上，中国学界普遍视文化为软实力的核心与灵魂，为国家实力的关键资源之一，为确保和促进国家和谐的必要工具。中国的软实力文化资源和将之转化为预期对外政策成果的能力令人瞩目。与此同时，中国文化不仅以马克思主义和社会主义核心价值观为主要特征，并对世界其他文化元素兼收并蓄。

二 "一带一路"倡议时代的软实力

中国是 21 世纪的新兴大国。美国国家情报委员会（National Intelligence Council）2018 年报告认为，中国之崛起将重新确立

---

① 陈显泗：《论中国在东南亚的软实力》，《东南亚研究》2006 年第 6 期。
② Glaser Bonnie S. and Melissa E. Murphy, "Soft Power with Chinese Characteristics-the Ongoing Debate", Center for Strategic & International Studies Report, 2009, https://csis-website-prod.s3.amazonaws.com/s3fs_public/legacy_files/files/media/csis/pubs/090310_chinesesoftpower__chap2.pdf.
③ 门洪华：《中国：软实力方略》，浙江人民出版社 2007 年版。
④ 曹东：《近年来国内外关于软实力研究的综述》，《领导科学》2009 年第 35 期。

"两个世纪前中国产出全球约30%财富的地位"。① 2007年,中国时任国家主席胡锦涛在中国共产党第十七次全国代表大会上指出,中国致力于提高国家文化软实力。这一战略在2012年中国共产党第十八次全国代表大会上得到沿袭。

为落实此举,中国的行动不可谓不迅速和可观。就国民经济和社会发展第十四个五年规划和二〇三五年远景目标,习近平主席明确提出采取阶段性措施显著增强国家文化软实力、提升中华文化感召力,并强调要深刻认识提高国际传播能力的重要性和必要性,要形成同中国综合国力和国际地位相匹配的国际话语权。②

以习近平主席提出的"一带一路"倡议的前瞻性合作和互联互通行动之裨益,中国的软实力将继续得以加强和深化,并预计在未来数十年大幅提升。

"一带一路"重要倡议是构建"人类命运共同体"的独特路径,也是向世界各国发出的明确信号——在提高互联性的同时,中国将继续坚持自己的发展道路。可视此为对中国的软实力叙事的广义理解。在多边主义、数字化经济、可持续能源乃至跨文化等议程促进下,更强的互联性将加速形成增进合作、社会团结、和谐与和平未来的结构。

南欧的政治历史问题是地中海地区最由来已久而错综复杂的问题之一。自然进程屡被各种行为体粗暴打断,构成区域内不和谐因素,造成区域发展失衡。为此,"软实力"工具因为能够直接作用于国际关系的复杂性而愈显必要。有鉴于地缘政治重组和跨文化表现在南欧渐成主要趋势,当人类社会渐向休戚与共的共

---

① National Intelligence Council/NIC-USA, "Global Trends 2025: A Transformed World", 2008, https://www.files.ethz.ch/isn/94769/2008_11_global_trends_2025.pdf, p. 7.
② "Xi Focus: Xi Stresses Improving China's International Communication Capacity", 1 June 2021, http://www.xinhuanet.com/english/2021-06/01/c_139983105.htm.

同体发展，世界的相互依存度愈高，"软实力"工具的意义则愈著。

"一带一路"倡议框架下，软实力成为与中国价值体系密切联系的强大工具。中国受益于经济和社会的高速变革，在21世纪展现出全球大国的复合形象。中国甚至已经取代美国，成为欧盟第一大贸易伙伴，并在2021年创下超8000亿美元的交易额纪录，同比增长27.5%。[①]

在此基础上，"一带一路"倡议为中国在南欧塑造了值得信赖的"软实力"国家形象：

- 巩固贸易机制、经济增长和坚实成果。
- 改善双边、多边关系。
- 扩大和加强技术的国际地位。
- 确保区域和谐发展。
- 创造确保和平和福祉的有利条件。
- 构建人与自然的和谐关系。

在冷战后的和平进步运动推动下，中国政府与许多南欧国家开展了广泛而有效的交流合作。多边合作在南欧获得新的活力，成为巩固"一带一路"叙事、丰富"一带一路"资源的关键路径。

三　南欧地区的国际行为体

区域作为通用概念，没有固化的定义或分类，其具体含义取决于概念应用的具体背景。索尔·科恩（Saul Cohen）认为"区域"描述了基于移民和共同历史背景的地理、政治、文化上的相

[①] "European Companies Show Confidence in Chinese Market with Continued Investment", 5 April 2022, https://english.news.cn/20220405/7958ac4367124a3d823887a6b1eabab4/c.html.

近和相邻。① 为此，可以将南欧地区界定为一个区域。

南欧区域是中东国家、北非国家、欧盟间宗教、文化、商贸和学术的桥梁。大部分区域内国家加入了欧盟和北约。少数国家不是欧盟成员国，但也被纳入欧盟的新战略框架。②

以上，构成南欧区域在国际政治中仍然发挥重要地缘政治作用的原因。事实上，作为泛地中海水道的边缘地带，南欧区域早已是美国、法国、俄罗斯、英国、德国等大国竞争的十字路口。除上述大国在南欧政治卷入冲突和存在利益矛盾外，区域内国家内部和国家之间也存在不小分歧。

民族国家的国家层面议程和国际层面的转型变化促使南欧区域的地缘政治在 21 世纪快速演进。除上述大国，本区域内大国——意大利、西班牙、希腊、以色列和土耳其等——亦有各自的国家优先事项和关于区域压力和国际责任的各异战略叙事。

区域的新旧历史中都有霸权国家的身影，他们通过输出硬实力或改变南欧区域及其周边地缘政治格局，而建构地缘政治秩序。研究文献及联合国专家委员会等不乏北约、美国、英国等突然（时或暴力）肢解南欧国家主权的记录。从大英帝国时期直至冷战后，霸权国家通过权力工具将南欧国家束缚于依存性关系之中。

进入 21 世纪，政治紧张、动荡、充斥着外部干预的南欧区域的重要性再次上升。地缘政治因素所致，美国和北约频繁插手南欧事务。南欧区域无疑成为欧洲、小亚细亚和非洲的政治、军事、经济汇合处的缩影。

换言之，南欧区域的地缘政治与冲突中的东西（亚欧）动态、

---

① Cohen, S. B., *Geopolitics of the World System*, Lantham: Rowman & Littlefield Publishers, 2003, p. 40.

② European Union, *Shared Vision, Common Action: A Stronger Europe-A Global Strategy for the European Union's Foreign and Security Policy*, June 2016, https://europa.eu/globalstrategy/en.

不平衡的南北经济政治关系严重交叠。美国和北约的军事存在并非平白无故，反而恰是对华盛顿霸权战略的呼应。时至今日，"霸权"甚至已经突破了军事统治，泛化为政治影响和文化控制。葛兰西（Gramsci）对霸权的解读建立在"……作某一特定集团的组成成分，注定要为集团最大限度的扩张创造有利条件"的认识上，认为特定集团的利益一旦被定位成集团内所有成分的共同利益，就能够被各组成成分普遍接受："当特定集团的扩张意愿被认为是代表了集团内各民族共同发展的需要时，各民族的普遍性扩张就能够为集团扩张赋能。"①

南欧社会及其民众反感施展控制手段和军事力量的做法，认为这样做直接削弱了民族国家主权。美国和北约海军在南欧及地中海地区的攻击性巡航，与其在中国南海、黑海、北冰洋的做法如出一辙。加之奥巴马、特朗普和拜登政府耗资数万亿美元的核武器升级，尽管拜登的"外交政策计划"称核武器以威慑为目的，但南欧对所谓"西方世界"的政治信任感反而因之持续下降。塞迈赫拉（M. Szmigiera）就明确指出"2021年，美国以高达8010亿美元的军费开支领跑全球。另据美国国会预算办预测，至2031年，其国防支出将从2014年5960亿美元的低位上升至9150亿美元"。②

即使考虑通胀率，此仍为第二次世界大战以来最巨额军费开支，且集中用于制造更多核武器，不得不令人警惕。显然，美国正在按照一厢之愿完善部署其军事力量。美国目前在80个国家拥有800多个正式军事基地，倘若算上驻扎在其使馆和使团的部队及所谓的"睡莲"基地，该数字可能破千，约有13.8万名美军士兵

---

① Gramsci, Antonio, *Selections from the Prison Notebooks of Antonio Gramsci*, New York: International Publishers, 1971.

② Szmigiera Magdalena, "Countries with the Highest Military Spending 2021", Statista, 29 April 2022, https://www.statista.com/statistics/262742/countries-with-the-highest-military-spending/.

驻扎在全球各地。数十年来，美国和北约借此使军事影响辐射南欧、中东。

四 中国在南地中海、南欧地区的软实力

从邓小平的"韬光养晦"到习近平主席的"奋发有为"，中国正在国际范围发挥更有活力和更具能量的作用。

区域的重要性在世界体系从两极格局到多极化的演变中日益彰显，南欧和地中海国家的重要性因之提高。南欧和地中海国家在中文语境中没有单一称谓，在中国的官方话语体系中，也较少使用"地中海地区"的说法，或认为该区域属于所谓"西方"范畴。中国并未因该区域民族国家面临空前的失业局面、客观的技术差距和尚不明朗的经济形势而表现出顾虑，反而热切提出开展国际合作，特别是对华合作，势在必行。中国的软实力深植于贸易和文化传统，南欧社会因此认为该软实力具备驱动其区域经济增长和文化、教育发展的前景。

双方在价值观、政治制度上诚然存在客观差异，但过去若干年间，南欧与中国建立了最全面的伙伴关系，认为后者不仅是东西方文化多样性之间的平衡力量，也是 21 世纪领衔全球的教育和技术力量。中国坚持以社会主义民主、"一带一路"倡议和文化自信作为实现和平发展与合作、构建人类命运共同体的工具。双方深厚的战略协同恰恰建立在双方各自长期以来未曾中断的文化积淀之上。

南欧期待中国开辟以发展联系和文化纽带为主的更全面的软实力路径，为此赞赏习近平主席在 2019 年访问希腊时，基于希腊有利的地理位置和航运优势而呼吁在"一带一路"倡议下深化并提升各领域合作水平的做法。《每日报》（Kathimerini）是年曾刊载习近平主席署名文章，称中希两国应"从两国悠久的文明中汲取源

源不断的滋养",共同推动构建"相互尊重、公平正义、合作共赢的新型国际关系"。①

值塞浦路斯总统阿纳斯塔夏季斯（Nicos Anastasiades）出席第二届"一带一路"国际合作高峰论坛之际，习近平主席也曾强调"希望塞方继续为促进中欧关系发展发挥积极作用"。②

习近平主席访问意大利时，两国签署关于共同推进"一带一路"建设谅解备忘录。

习近平主席出席了在中国驻前南联盟使馆（毁于1999年北约对南联盟空袭）旧址举办的贝尔格莱德中国文化中心奠基仪式，参观贝尔格莱德要塞，并在讲话中称此次访问将为两国关系翻开新的一页。③

法国总统埃马纽埃尔·马克龙（Emmanuel Macron）在会见来访的时任中国国务委员兼外交部长王毅时也指出，"法中保持战略沟通具有重要意义。法方高度赞赏中方将新冠疫苗作为全球公共产品的承诺，愿深化两国抗疫合作，促进双方在经贸、农业等领域合作取得更多成果"。④

五 与地中海人民构建人类命运共同体

法国历史学家费尔南·布罗代尔（Fernand Braudel）的"地中海不是边界，而是贸易场所"常为学者和分析人士引用。

地中海长期被认为是南欧与中东的居间地带，如今成为大国必

---

① 习近平：《让古老文明的智慧照鉴未来》，《光明日报》2019年11月11日。
② 《习近平会见塞浦路斯总统阿纳斯塔夏季斯》，《光明日报》2019年4月26日。
③ "China's President Xi Arrives in Serbia", 2016, https://apnews.com/article/6a3e11cff99e4eef87a382e91faf29a0.
④ "French President Macron Meets Chinese FM", 2020, http://www.xinhuanet.com/english/2020-08/29/c_139326876.htm.

争之地。暴力和地区分离主义日渐猖獗,导致更广义的南欧和中东区域进入"第二次冷战"(Cold War Ⅱ)①结束以来最为动荡的时期。

亚历山德罗·拉扎里尼(Alessandro Lazzarini)强调"地中海之于中国有很大战略价值"。欧洲不仅是中国主要出口目的地和先进技术来源,作为"一带一路"终点,欧洲攸关该倡议在未来若干年内的成功与否。②

南欧期待与中国在文化、经济领域开展包括正式对话在内的更多交流,期待以发展新形式的关系充实其国际化战略组成。中国重点以文化交往与和谐发展驱动落实"一带一路"倡议,从内容和规模上具有区别于一般大国的独特性。事实上,中国的"一带一路"倡议是"世界最大的国际合作平台,提供贸易、金融、社会和文化合作"。③ 面对重重全球性挑战,"中国正在为全球问题提供解决方案,不仅是通过资本和投资,更是通过合作共赢。倡议本身就是抑制反全球化的对策"。④

中国与希腊,以及中国与欧洲在更大范围持续增进合作,为地中海区域恢复国际地位创造了机遇。2014年,李克强总理指出,希腊位于21世纪海上丝绸之路的另一端,是中国"通往欧洲的重要门户"。⑤ 中欧贸易市场的增长巩固了希腊及南欧区域的这一战略地

---

① "第二次冷战"(Cold War Ⅱ)也称"新冷战",指冷战结束以后,在对立的地缘政治集团之间再度发生的政治与军事紧张局势。"第二次冷战"是否已经发生,学界未有定论。

② Lazzarini Alessandro, "China's Belt and Road Initiative in the Mediterranean: Drivers and Implications", 2020, https://www.academia.edu/44455842/Chinas_Belt_and_Road_Initiative_in_the_Mediterranean_Drivers_and_Implications, p. 3.

③ Gouliamos Kostas, "Belt and Road Initiative Conducive to Better Global Governance", Interview in China Today, 2017, http://www.chinatoday.com.cn/english/spc/2017-05/13/content_740800.htm.

④ Gouliamos Kostas, "Amid High Expectation, Belt and Road Initiative Brings More Win-win Results to Europe," Interview in China Daily, 2018, http://global.chinadaily.com.cn/a/201805/14/WS5af968a5a3103f6866ee846f.html.

⑤ Sellier Elodie, "China's Mediterranean Odyssey", The Diplomat, April 2016, https://thediplomat.com/2016/04/chinas-mediterranean-odyssey/.

位。2015年，扩建后的苏伊士运河可允许大型船只通航，红海与南欧、地中海之间运量翻番，缩短了亚欧间的运输时间，提高了地中海港口的竞争力和知名度。"80%以上中欧贸易通过海运实现，比雷埃夫斯港凭借更靠近苏伊士运河的地理优势，使之成为中国货物在欧洲的主要集散地。"[1]

国际社会普遍认为，经济影响力上升，使寻求和平、和谐、合作的中国成为过去几年世界经济的重要组成部分，以及全球事务关键一员。作为世界第二大经济体，中国为世界GDP增长贡献良多，经济角色成就其世界政治主角角色，地区和全球大国地位日笃。

习近平主席展示了中国目光远大的雄心壮志，[2]他在中共十九大报告中提出两个宏伟目标：从2020年至2035年，中国将基本实现社会主义现代化；再过15年到2050年，建成富强民主文明和谐美丽的社会主义现代化强国。

随着"一带一路"倡议的逐步落实，中国之于国际社会的角色本身的意义，以及国际社会认知中国角色的意义均与日俱增。中国的基础设施项目对南欧区域各国发展计划形成补充，在欧洲爆发多重危机之时，大量中国投资、贸易和援助相继而至，纾困扶危。中国自2013年发起的"一带一路"倡议成为中国在南欧和中东的角色转变标志。

"一带一路"倡议为中国构建了与南欧、地中海、欧亚大陆、亚太诸国的联系，是中国向具有全球利益大国转型以来出台的最关键的对外政策。有鉴于南欧和中东对落实倡议的意义，中国对参与南欧经济、外交及安全问题更为积极。不过，以拉扎里尼（Lazzari-

---

[1] Sellier Elodie, "China's Mediterranean Odyssey", The Diplomat, April 2016, https://thediplomat.com/2016/04/chinas-mediterranean-odyssey/.

[2] Rudd Kevin, "Xi Jinping Offers a Long-term View of China's Ambition", Financial Times, October 2017, https://www.ft.com/content/24eeae8a-b5a1-11e7-8007-554f9eaa90ba.

ni）为代表的学者认为，"中国在地中海地区的经济曝光度越来越高，为更积极的对外政策创造条件，但目前中国对该区域安全事务的参与仍然有限"。①

与此同时，中国以两份"白皮书"文件——《推动共建丝绸之路经济带和21世纪海上丝绸之路的愿景与行动》②《中国对阿拉伯国家政策文件》③——明确了中国对营造稳定、和平、和谐的环境以有利于其外交事务的坚定决心。

特别是《推动共建丝绸之路经济带和21世纪海上丝绸之路的愿景与行动》聚焦政策沟通、设施联通、贸易畅通、资金融通和民心相通的合作模式发展倡议参与国之间的国家关系，而不涉及军事合作，再次印证"一带一路"是以发展为中心的倡议，而不是地缘政治战略的组成部分。

不止如此，"白皮书"之外，中国企业在南欧区域的活跃角色亦聚焦于契合倡议互联互通目标的合作项目。港口、工业园区等成为合作的主要发生领域，中国与南欧、中东和地中海的经济链条借此成型。

以塞浦路斯为例，划世纪的"一带一路"倡议被认为是跨大陆的、长期的多边主义宏伟计划，并为此得到塞浦路斯政商学界及其民众的坚定支持和真诚拥护，中国描绘的互联互通愿景值得高度赞誉，深化对华合作、共建"一带一路"成为各界共识。2021年11

---

① Lazzarini Alessandro, "China's Belt and Road Initiative in the Mediterranean: Drivers and Implications", 2020, https://www.academia.edu/44455842/Chinas_Belt_and_Road_Initiative_in_the_Mediterranean_Drivers_and_Implications, p. 1.

② 中华人民共和国国家发展改革委、外交部、商务部：《推动共建丝绸之路经济带和21世纪海上丝绸之路的愿景与行动》，2015年3月28日，中国网，http://www.china.org.cn/china/Off_the_Wire/2015-03/28/content_35182638.htm。

③ 《中国对阿拉伯国家政策文件》，2016年1月13日，新华网，http://www.xinhuanet.com/world/2016-01/13/c_1117766388.htm。

月，两国建交50周年前夕，习近平主席和塞浦路斯总统阿纳斯塔夏季斯（Nicos Anastasiades）一致决定将双边关系提升为战略伙伴关系。"一带一路"倡议进一步拉近了两国距离，双方有机会共同探讨中国在地中海地区，特别是东地中海地区的新的角色作用。塞浦路斯位于欧、亚、非洲枢纽位置，自然地理条件优渥，港口区位优势明显，金融服务业发达，是欧盟第一、全球第三大航运管理中心，商业船队规模排行欧洲第三、全球第十一，运力全球占比约20%，[1] 有望在21世纪海上丝绸之路框架下担纲关键角色，并进一步提升中欧"一带一路"海陆通道运力。

中国向南欧区域输出软实力符合处理其他国际事务的一贯方式——提供能够促进区域发展和稳定的公共产品。因此，"一带一路"倡议在南欧和地中海的可持续性将取决于中国能否进一步落实行动，彰显其软实力，以及取决于中国能够在尊重区域国家内部关切的同时，协助化解区域紧张局势。

正是在此背景下，中国发起"一带一路"倡议，并提出如构建"人类命运共同体"目标等更多面向全球的政治话语和方式方法。

在2017年的中共十九大上，习近平总书记指出，中国"比历史上任何时期都更接近、更有信心和能力实现中华民族伟大复兴的目标"。[2]

面对21世纪的重重挑战，尤当经济剧烈动荡可能引发社会层面潜在剧变时，一个命运休戚与共的"人类命运共同体"之于中国及其南欧和地中海伙伴均意义非凡。无论中国与南欧和地中海区域国家各自代表着世界上最悠久而影响力最深远的文化之一。中国在

---

[1] Cyprus Shipping Chamber, "Cyprus: A Leading Maritime Center", 2022, https://csc-cy.org/cyprus-a-leading-maritime-center/.

[2] 《习近平谈治国理政》第3卷，外文出版社2020年版，第12页。

南欧区域的项目令人瞩目,在多边议程中的角色更为主动。对中国而言,宜以在倡议框架内进一步提升软实力、发挥其创造力为要务,使"一带一路"倡议始终符合和平、发展、公平、正义、民主、自由的全人类共同价值,符合人类社会的进步方向。

欧盟互联互通政策的"泛安全化"及中欧合作

刘作奎[*]

摘要: 本文论述了互联互通概念内涵的变迁以及欧盟互联互通战略泛安全化趋势及特点:互联互通产品内容扩大化,强化对互联互通产品投资的安全审查,突出意识形态和价值观划线,同中国争夺话语权等。面对欧盟互联互通泛安全化,中欧互联互通合作面对诸多挑战,但仍有较大合作机遇和潜力,文章提出了中欧加强互联互通合作的工作建议。

关键词: 互联互通、泛安全化、中欧关系、机遇和挑战、政策建议

一 互联互通内涵的变迁
——超越软硬互通

互联互通历史较为久远且在各国和各区域形成了不同的特色,

---

[*] 中国社会科学院欧洲研究所副所长、研究员,中国—中东欧国家智库交流与合作网络秘书长、中国—中东欧研究院(布达佩斯)副院长。

当代意义上的系统且全面的推进互联互通实践，则是从 20 世纪 90 年代开始的欧亚大陆互联互通项目。中国、欧盟（欧共体）、俄罗斯都广泛开展了互联互通的具体项目建设，为欧亚大陆的基础设施、物资、人员和商品流通积极布局。随后，东盟较早提出了在东盟国家区域内的互联互通问题，2009 年 10 月，第 15 届东盟首脑会议以"增强互联互通，赋予人民权力"为主题，阐述了东盟互联互通的重要性。[①] 2010 年 10 月第 17 届东盟峰会通过了《东盟互联互通总体规划》，东盟的互联互通战略以三大领域作为主体：基础设施的互联互通（Physical Connectivity）、机制的互联互通（Institutional Connectivity）和人文的互联互通（People to People Connectivity）。[②] 东盟不但加快联盟内部的互联互通建设，而且积极将其合作经验推广到亚太经济合作组织（APEC）。目前已有不少成果研究亚洲互联互通，尤其是东盟的互联互通对"一带一路"建设的启示和推动作用，可以说，中国的互联互通倡议包含内容丰富，来自东盟和 APEC 的经验产生了重要启示作用。[③]

此后，中国逐渐成为新一轮互联互通建设的倡导者和引领者，不断丰富互联互通内涵和合作领域。2013 年 4 月，习近平主席在出席博鳌亚洲论坛年会时宣布："中国将加快同周边国家的互联互通建设，积极探讨搭建地区性融资平台，促进区域内经济融合，提高地区竞争力。"[④] 2013 年 10 月于印度尼西亚巴厘岛召开的 APEC 领

[①] 王勤、李南：《东盟互联互通战略及其实施成效》，《亚太经济》2014 年第 2 期。

[②] "Master Plan on ASEAN Connectivity", http：//www. asean. org/resources/publications/asean-publications/item/master-plan-on-asean-connectivity-2.

[③] Alicia Garcia Herrero and Jianwei Xu, *Why Do Asia and Europe Need More Connectivity? Some Ideas from the European and ASEAN Experience*, Bruegel, http：//www. eria. org/Why_Do_Asia_and_Europe_Need_More_Connectivity. pdf.

[④] 习近平：《共同创造亚洲和世界的美好未来——在博鳌亚洲论坛 2013 年年会上的主旨演讲》，《人民日报》2013 年 4 月 8 日。

导人非正式会议上，习近平主席又提出，亚太经合组织要顺应潮流，做好互联互通这篇大文章，并提出了四点建议，包括："一要构建覆盖太平洋两岸的亚太互联互通格局，以此带动建设各次区域经济走廊，进而打造涵盖21个经济体、28亿人口的亚太大市场，保障本地区生产要素自由流通，稳步提升太平洋两岸成员协同发展水平，实现一体化。二要打通制约互联互通建设的瓶颈，建立政府、私营部门、国际机构广泛参与的投融资伙伴关系。中国愿意积极探索拓展基础设施建设投融资渠道，倡议筹建亚洲基础设施投资银行。三要在区域和国际合作框架内推进互联互通和基础设施建设，各成员应该秉持互利互惠、优势互补理念，坚持开放透明、合作共赢原则，加强沟通交流，积极参与合作。四要用互联互通促进亚太地区人民在经贸、金融、教育、科学、文化等各领域建立更紧密联系，加深彼此了解和信任。"[1] 自此，中国的互联互通倡议形成初步的体系，直至后来发展成为明确的"五通"，即政策沟通、设施联通、贸易畅通、资金融通、民心相通，成为"一带一路"倡议的核心内容。"五通"扩展了学界对传统的互联互通概念的理解，将联通的问题扩展到国际关系的多个领域，成为内涵广泛而丰富的概念创新。

"一带一路"建设推进几年后，随着中国在互联互通领域的影响力日益提升，国际社会在互联互通领域的话语权争夺也日益激烈。欧洲智库和研究机构紧跟中国互联互通建设在全球的进展，欧盟从观望、谨慎参与到怀疑直至污名化"一带一路"建设成果，态度经历了明显的变化。[2] 欧盟积极出台互联互通方案，

---

[1] 《习近平在亚太经合组织第二十一次领导人非正式会议上就促进亚太互联互通发表讲话》，《人民日报》2013年10月9日。

[2] 刘作奎：《欧洲与"一带一路"倡议：回应与风险（2017）》，中国社会科学出版社2017年版。

2018年发布《联通欧亚：欧盟互联互通战略要素》、[①] 2021年7月出台"全球联通欧洲"文件[②]、2021年9月出台"全球门户"倡议，[③] 并加强同美国"重建美好世界"方案[④]相协调，对冲中国在互联互通领域影响力和话语权目的越发明确，从而成为中欧博弈的一个重要领域。[⑤] 欧盟在互联互通上基本上采取防中国、抗中国和联中国相结合的方式，这种方式与欧盟整体上将中国视为合作伙伴、竞争者和制度性对手的三重定位是一致的。由于互联互通领域庞杂，欧盟基本上采取差异化处理方式，积极确定合作、竞争和对抗的具体领域。

互联互通大致分为软联通和硬联通两个方面。硬联通涉及基础设施建设，包括物理的、信息等领域的互联互通，软联通涉及规则、物流、金融和人文等软性领域的互联互通，软硬相互结合，就构成了互联互通的完整含义。[⑥] 但随着形势的新发展，软联通和硬联通的分野已经不再那么明显，互联互通的研究基本上也超越了以前的分类，比如，数据与信息、产业链、体制机制竞争力纳入互联

[①] European Commission, "Joint Communication to the European Parliament, the Council, the European Economic and Social Committee, the Committee: of the Regions and the European Investment Bank: Connecting Europe and Asia-Building Blocks for an EU Strategy", 19 September 2018, JOIN (2018) 31 final.

[②] "Council Conclusion: A Globally Connected Europe", https://data.consilium.europa.eu/doc/document/ST-10629-2021-INIT/en/pdf.

[③] European Commission, "Joint Communication to the European Parliament, the Council, the European Economic and Social Committee, the Committee of the Regions and the European Investment Bank: the Global Gateway", Brussels, 1.12.2021, JOIN (2021), 30 final, https://ec.europa.eu/info/sites/default/files/joint_communication_global_gateway.pdf.

[④] Sebastien Goulard, "The 'Build Back Better World' Programme", 18 June 2021, https://www.oboreurope.com/en/build-back-better-world-b3w/.

[⑤] Shane Farrelly and Ling Peng, "A Globally Connected Europe: the EU's Answer to the Belt and Road Initiative?" 16 August 2021, https://www.dandreapartners.com/a-globally-connected-europe-the-eus-answer-to-the-belt-road-initiative/.

[⑥] 宁吉喆：《"硬联通""软联通"协同发力造福"一带一路"沿线国家人民》，《中国产经》2019年第6期。

互通研究范畴后，就很难界定到底是软联通还是硬联通，甚至在一些领域两者出现融合的趋势。

互联互通软硬安全的融合使得其涉及领域形成交叉并不断被拓宽，并且在政策实践中出现泛安全化的趋势。

二　互联互通泛安全化情况分析

以巴里·布赞（Barry Buzan）和奥利·维夫（Ole Wæver）为代表的哥本哈根学派提出安全化理论为标志，泛安全化成为研究冷战后安全问题的重要工具。"安全化是一种话语进程，在这个进程中，一个主体间理解在政治共同体内部得以建构起来，这种理解把某事物看作对其指涉对象的一种生存威胁，并由此得以要求为处理该威胁而采取紧急和特别的措施。"[①] 这种相对宽泛化的安全理论研究思路，对理解和阐释"泛安全化"（Pan-securitization）倾向提供了帮助。所谓"泛安全化"是指非安全领域的"安全化"过程或非传统安全领域的过度的传统安全化表现。具体来讲，"泛安全化"倾向使决策者和政策执行者在安全领域往往抱有一种强烈、敏感的绝对安全意识，而在非传统安全领域则加重了诸如经济安全、生态安全、信息安全、科技安全、资源安全、公共安全、网络安全等新类型问题的传统安全色彩。[②]

泛安全化概念应对了互联互通领域超越软硬分野的问题，因为互联互通本质上是一个中性词汇，并不是安全领域的问题，互联互

[①] ［英］巴里·布赞、［丹］奥利·维夫：《地区安全复合体与国际安全结构》，潘忠岐等译，上海人民出版社2010年版，第474页。转引自郭锐、陈馨：《"泛安全化"倾向与东亚军备安全风险》，《国际安全研究》2018年第5期。

[②] 郭锐、陈馨：《"泛安全化"倾向与东亚军备安全风险》，《国际安全研究》2018年第5期。

通被纳入安全化领域的议题，是泛安全化的重要表征。它使得互联互通被扩展到新的维度，因安全问题被塑造成一个更加复合型的话语体系，并呈现出如下特点：第一，互联互通涉及的对象和内容被放大，互联互通产品的清单越拉越长；第二，软硬联通安全日益互为表里，不断寻求绝对安全意识，经济、信息、生态、科技、资源、公共、网络安全等作为互联互通领域主要内容以新安全观念出现，界限模糊不清，牵涉问题多且影响广泛；第三，内容界定日益空间化——公共空间安全"国有化"或"区域化"，从坚持自我治理到国家或机构的过度干预，在国家或区域公共空间搞安全圈地；第四，争夺话语权日益激烈，寻找安全领域新空白点，不断放大互联互通安全的深度影响。

三 欧洲互联互通泛安全化具体进程

从互联互通泛安全化的发展历程看，欧洲先是从互联互通的关键性资产开始着手，不断扩大互联互通关键资产的内容，将互联互通产品清单做了很大拓展，并列入投资安全审查范围。在此基础上，进一步扩展在互联互通领域的话语权，通过规范化互联互通话语表述和实践，不断将其列入意识形态和价值观以及规则安全领域。随着对互联互通话语权的进一步厘清，将其安全风险指向中国，引入中国是对手的政策定位，进而，互联互通成为中欧博弈的组成部分。以此为契机，加强关键基础设施领域的安全立法，并进一步联合国际社会志同道合者来应对中国在互联互通领域的影响力和话语权。

（一）投资安全审查机制：扩大互联互通产品范围并列入安全审查清单，将互联互通问题泛安全化

欧盟的外国投资安全审查机制方案于2017年正式提出、2019

年通过、2020年正式生效。① 其主要是应对外部投资者对欧盟重要战略资产投资可能造成的安全风险，因此是一个相对综合的安全防范框架和政策。值得注意的是，欧盟借机将互联互通的一些产品清单做了很大扩展，主要包括下列五个方面。

其一，（实体或虚拟的）关键基础设施，包括能源、交通、水务、医疗、通信、媒体、数据处理或传输、航空、国防、选举或金融基础设施及使用此类基础设施涉及的敏感设施、土地等；

其二，关键技术和军民两用物项，包括人工智能、机器人、半导体、网络安全、航空、国防、能源存储、量子和核技术以及纳米技术和生物技术；

其三，关键原材料供应，如能源和原材料，以及粮食安全；

其四，敏感信息的获取，包括个人数据或掌握信息的能力；

其五，媒体的自由化和多元化。

从上述内容中可以看出，如果从互联互通广义概念看，则将大量互联互通产品纳入投资安全审查范围，使得外部投资者如果想进入欧盟市场，势必面临严格的安全审查，安全审查的泛化趋势非常明显。

（二）欧亚互联互通计划：进一步将互联互通问题规范化、价值观化和安全化

2018年9月，欧盟发布联合通信《联通欧亚：欧盟战略要素》，全面阐释欧盟推进欧亚互联互通新战略，强调"可持续的、全面的和基于规则的互联互通"。可持续互联互通主要为提升生产

---

① Regulation（EU）2019/452 of the European Parliament and of the Council of 19 March 2019 Establishing a Framework for the Screening of Foreign Direct Investments into the Union，https：//eur-lex.europa.eu/legal-content/EN/TXT/？uri=CELEX%3A32019R0452.

效率，驱动就业和增长，投资需要提升市场效率和财政可见度，进一步推动经济发展中的去碳化，以及基于保护环境基础上的更高标准，尤其是透明度和善治以及民意支持等方面。而全面的互联互通则强调互联互通关乎网络，网络可以以航空、陆路或水路交通的形式呈现，也可能是数字网络：移动或固话网络，从电报到卫星，从互联网主干到最后一英里。互联互通包括能源网络和流动：从包括液化天然气在内的燃气网络到电力网络，从可再生能源到能源效率。互联互通还明显与人类活动有关：从教育合作、科研、创新到交通和旅游。互联互通需要国际组织和机构支持的国际公认的行为、规则、公约和技术标准等促进各个网络之间的兼容与跨境交易。由于这些互联互通与人们生活息息相关，其在安全上的脆弱性需要引起人民广泛关注。基于规则的互联互通则强调，规则和制度是推动人员、商品、资本、服务高效、公平和顺畅流动的基本要求。[1]

文件中特别醒目地提出了互联互通与安全问题的重要性，强调：世界越来越依赖复杂的数据网络和传输、能源中转、瞬时响应的价值链和人员流动。管理这些流动性意味着在便利流动和确保流动的安全性之间找到适当的平衡。在一个威胁和恐怖主义混杂的时代，"流动安全"至关重要。贸易路线的稳定仍然取决于适当的政治和安全环境，并面临各种挑战，如跨国有组织犯罪和任何形式的非法走私和贩运、网络安全以及对运输和能源安全的攻击。这些挑战不能仅仅通过国家或实体的内部或外部政策来解决。欧盟应与伙

---

[1] European Commission, "Joint Communication to the European Parliament, the Council, the European Economic and Social Committee, the Committee: of the Regions and the European Investment Bank: Connecting Europe and Asia-Building Blocks for an EU Strategy", 19 September, 2018, JOIN (2018) 31 final, https://eur-lex.europa.eu/legal-content/EN/TXT/? uri = JOIN: 2018: 031: FIN.

伴国家合作，使与亚洲的交通连接更加安全，尤其是在网络安全领域。① 欧盟的上述安全关切有一定的事实基础和合理性，但随着将安全关切的放大化，逐渐将安全问题扩展到价值观和意识形态以及规则竞争领域。

2019年9月，欧盟与日本签署《日欧可持续和高质量互联互通伙伴关系协定》，强调互联互通在环境和财政上的可持续性，致力于推动基于规则和价值观的互联互通，促进自由和开放等。② 从欧盟推出互联互通战略来看，应对中国的意图日益清晰，同中国争夺互联互通模式的话语权，避免中国式互联互通形成全球范围内的影响是欧盟的政策目标之一，欧盟互联互通的泛安全化进入更为细化和更明确的阶段。

（三）《欧盟—中国：战略展望》：③ 对华政策"四位一体"发展导向，强化"对手"定位，进一步提出应对中国互联互通的安全举措

2019年3月，欧盟正式发布《欧盟—中国：战略展望》政策文件，该文件最引人关注的是对中欧关系的四个定位，即"一个与

---

① European Commission, "Joint Communication to the European Parliament, the Council, the European Economic and Social Committee, the Committee: of the Regions and the European Investment Bank: Connecting Europe and Asia-Building Blocks for an EU Strategy", 19 September, 2018, JOIN (2018) 31 final, https://eur-lex.europa.eu/legal-content/EN/TXT/? uri = JOIN: 2018: 031: FIN.

② EEAS, "The Partnership on Sustainable Connectivity and Quality Infrastructure between European Union and Japan", 9 October 2019, https://eeas.europa.eu/delegations/kyrgyz-republic _ en/68544/The% 20Partnership% 20on% 20Sustainable% 20Connectivity% 20and% 20Quality% 20Infrastructure% 20between% 20th.

③ European Commission and High Representative of the Union for Foreign Affairs and Security Policy, "Joint Communication to the European Parliament, the European Council and the Council: EU-China Strategic Outlook", 12 March 2019, https://ec.europa.eu/info/sites/default/files/communication-eu-china-a-strategic-outlook.pdf.

欧盟目标紧密一致的合作伙伴，一个欧盟需要找到利益平衡点的谈判伙伴，一个追求技术领先地位的经济竞争对手，一个推动替代治理模式的体系性对手"。文件对"对手"做了系统表述，并在多个层面提出明确的应对措施。[①] 在这份内容广泛的文件中，涉及政治、经贸、投资、人文各个方面内容，并且自中国和欧共体1975年建交以来，史无前例地将中国定位为体系性对手，同时在各个领域提出了防范性举措。在文件中，互联互通也作为重要组成部分被提出。文件强调：欧盟参与互联互通的原则是财政、环境和社会的可持续性，透明度，开放式采购和公平的竞争环境。中欧互联互通要以互惠和透明的方式开展工作，事实上对中欧互联互通领域合作打上欧盟标准，同时，防范在互联互通领域来自中国的系统性挑战和安全威胁。为此，新的政策文件对应对中国问题提出了两个维度的指导性意见：一是为了充分解决外国国家所有权和国家融资对欧盟内部市场扭曲的影响，委员会将在2019年前确定如何填补法律中现有的空白；二是为防止对关键数字基础设施的潜在严重安全影响，需要欧盟采取共同5G安全立场，欧盟理事会据此将发布建议书。为了提高外国投资者对关键资产、技术和基础设施进行投资构成安全风险的认识，成员国应迅速、全面和有效地实施"外国直接投资审查条例"。[②]

---

① European Commission and High Representative of the Union for Foreign Affairs and Security Policy, "Joint Communication to the European Parliament, the European Council and the Council: EU-China Strategic Outlook", 12 March 2019, https://ec.europa.eu/info/sites/default/files/communication-eu-china-a-strategic-outlook.pdf.

② European Commission and High Representative of the Union for Foreign Affairs and Security Policy, "Joint Communication to the European Parliament, the European Council and the Council: EU-China Strategic Outlook", 12 March 2019, https://ec.europa.eu/info/sites/default/files/communication-eu-china-a-strategic-outlook.pdf.

（四）出台"全球门户"文件，在更广泛领域争夺话语权

2021年12月1日，欧盟委员会推出"全球门户"战略，这是一项新的欧洲战略，旨在促进数字、能源和交通领域的智能、清洁和安全联结，并加强全世界的卫生、教育和研究系统。"全球门户"的目标是在2021—2027年动员多达3000亿欧元的投资，以支撑全球持久的复苏。"全球门户"旨在增加投资，推广民主价值观和各领域的高标准、善政和透明度、平等伙伴关系，绿色和清洁、安全的基础设施，并促进私营部门投资，它以价值观为导向，以欧盟在社会、环境、财政和劳工方面的高标准为基础。为了确保欧盟企业在第三国市场更具竞争力，欧盟将建立新的欧洲出口信贷机制（European Export Credit Facility）。欧盟将为撒哈拉以南非洲地区调动24亿欧元的赠款，为北非调动10.8亿欧元的赠款，以支持可再生能源和可再生氢的生产。2022年2月，第六届欧非峰会在比利时布鲁塞尔召开。峰会期间，欧盟宣布了对非价值1500亿欧元的投资计划，占到了其"全球门户"倡议总额的一半。根据该计划，欧盟将继续帮助非洲加速绿色和数字化转型，推动其可持续增长和就业，强化卫生系统，并改善教育和培训状况。

"全球门户"计划是一项关于欧盟互联互通战略的综合性计划，涵盖领域非常广泛，同时也基本框定了欧盟在互联互通领域的基本立场、方法和远景规划。文件主要有如下特点：第一，争夺互联互通规则的主导权，继续强调基于规则的、透明的、可持续的互联互通。第二，内容日益广泛和多元化。除基建、能源等传统领域外，数据、信息、产业链、供应链甚至社会体制、机制等被纳入进来，软硬联通的界限日益模糊。第三，日益强调价值观。将遵守民主、人权、法治等所谓"普世价值"作为先决条件，努力防范甚至排斥价值观异质化的合作伙伴，强化人权标准。第四，加强互联互通领域立法。努力规范外部行为体进入欧洲市场或在第三方市场合作的

行为。进入欧洲互联互通市场将面临一系列规范条件的约束，如竞争中立原则、通用数据保护条例、供应链法等。

（五）追随"美国治下的安全"，积极构建互联互通"美好世界"

2019年年底以来，美国在东盟峰会期间的"印太商业论坛"上宣布启动致力于亚太地区基础设施建设的新倡议——"蓝点网络"计划（Blue Dot Network）。该计划由美国海外私人投资公司（OPIC）、澳大利亚外交与贸易部（DFAT）及日本国际协力银行（JBIC）三方共同发起，旨在"统筹政府、私营部门和民间社会，以开放、包容的方式将全球基础设施建设的标准提至高质量、可信赖的程度"。该计划也成为美国应对中国"一带一路"建设的标志性项目。

为推行"蓝点网络"计划，美国高层频频访问欧洲多国，以信息安全为由劝导欧洲国家，通过"清洁网络"和"蓝点网络"计划等，旨在将中国排挤出欧洲，推动欧美在信息安全领域的合作。以此为契机，2021年6月G7峰会发布"重建美好世界倡议"（Build Back Better World），白宫6月12日声明该倡议是为了满足中低收入国家巨大基础设施需求而设立的。倡议融资规模40亿美元，核心原则为：第一，价值驱动；第二，善政和高标准；第三，气候友好；第四，强有力的战略伙伴关系；第五，通过发展融资调动私人资本；第六，增强多边公共融资的影响。美欧合作，旨在通过深度协调，提供一个自由主义市场版本的替代方案，跟中国企业争夺市场，跟中国政府争夺"势力范围"。在公布"全球门户"计划的讲话中，欧盟委员会主席冯德莱恩反复强调，"全球门户"是"价值驱动的""透明的""善治的""创造联合，而不是制造依附""可持续基础设施"，从而跟中国"一带一路"形成对比。她还明确表示,"很多国家有跟中国打交道的经验,现在它们需要更好的、不同的报价。跟欧盟的合作不会带来不可持续的债务问题"。当被问及她的计划是否能够与中国在世界各地的大规模项目竞争时,她回答说:"是的,绝对可以。"因为"我们让私营部门走在前面,这样的私营部门在中国是不存在的","因此,这是一个真正的替代性选择"。[①]

美国的"重建美好世界倡议"得到了欧盟的鼎力支持,后者也在不同的文件中强调了同美国的做法相互协同,这表明了欧版互联互通的另一个特点,就是强调跨大西洋合作以及志同道合者合作的重要性。

四　泛安全化背景下中欧互联互通的机遇和挑战

(一) 机遇

首先是中欧互联互通合作基础良好,潜力有待进一步挖掘。

中欧曾长期互为第一大货物贸易伙伴且保持了一定的韧性,贸易合作将持续驱动互联互通发展。中东欧地区成为"一带一路"建设在欧落地成果最多的区域;中欧班列深度高速发展,为欧亚大陆提供了标志性公共产品;匈塞铁路是中国技术和标准"走出去"的重要尝试;比雷埃夫斯港是成功并购和实现本土化管理的典范;中国在西巴尔干基建项目的成功是中国装备制造抱团出海取得集中成果的标志。

互联互通领域蕴含巨大发展机遇,决定了下一个十年的发展走

---

① Jessica Parker, "EU Launches €300bn Bid to Challenge Chinese Influence", 1 December 2021, https://www.bbc.com/news/world-europe-59473071? piano-modal.

向，驱动中欧合作走深走实。尤其是疫情结束后，互联互通"服务贸易＋"领域潜力巨大，如物流、云、数据等。在更广泛的基础设施领域合作，尤其是鉴于基础设施建设市场资金缺口巨大，中欧互有所长，具有较强互补性。

其次是互联互通呼唤国际合作，欧版方案难以完全同中国割裂。

"全球门户"倡议难以同"一带一路"倡议完全隔绝开来。尽管欧盟存在与中国"一带一路"竞争的意图，但在具体领域和地区，不可避免地要与中国开展合作。2021年7月，在出席于乌兹别克斯坦举行的"中亚和南亚：地区互联互通的挑战和机遇"会议时，欧盟外交与安全政策高级代表博雷利就提到了与中国共建的互联互通平台，并重申推进"一带一路"倡议同"全欧交通网络"计划的对接。尽管欧洲为互联互通建设设置了庞大的预算，但资金缺口依然巨大，必须撬动社会资本，同时也欢迎国际资本合作，在这一点上中欧之间可以开展融资合作，发展互联互通基金，联手打造高质量的互联互通项目。

中国的互联互通倡议一直秉承开放共享原则。习近平主席在多个场合郑重强调，共建"一带一路"是经济合作倡议，不是搞地缘政治联盟或军事同盟；是开放包容进程，不是要关起门来搞小圈子或者"中国俱乐部"；是不以意识形态划界，不搞零和游戏，只要各国有意愿，我们都欢迎。这些表述指明了"一带一路"是包容性发展平台的鲜明特征。

最重要的是，欧洲看好亚洲和欧亚大陆市场整合的力量，对中国市场的兴趣与日俱增。中国基建市场规模庞大，发展潜力巨大，欧洲推动互联互通建设，不能忽视中国市场的支撑，也应该有更多的兴趣关注同中国市场的合作。在更广泛的基础设施领域合作，中欧互有所长，彼此对对方市场有兴趣。

再次是中国的基建模式仍具有一定的海外竞争力。

中国的基建有着丰富的经验和庞大的国内市场应用场景，在走向国际市场过程中，中国强大的装备制造业竞争优势、丰富的市场应用场景积累以及较为有效率的融资方案，都确保了中国互联互通成为驱动新增长的重要力量。中国人做事务实、讲究效率、团结与协作，在不少"一带一路"沿线国家留下良好口碑。在推动欧亚互联互通中，欧盟起步较早，但教训也比较深刻。欧盟早期推动的欧亚互联互通建设中，倾向于把其作为"民主促进"的一部分，在中亚和外高加索地区大肆开展基建援助工作，援助施加了较为苛刻的"政治条件"。至21世纪初，在外部势力策动下，上述区域陆续发生"颜色革命"，政局动荡，不但产生基建项目更有政治项目的"烂尾楼"，欧盟的援建模式也受质疑。因此，在互联互通新一轮竞争中，中国模式体现出了一定竞争力，对此应该充满信心。

最后是欧洲方案可能会遇到重重阻力。

欧洲国家的政治信誉不一定可靠，具体表现为三个方面：第一，西方国家的长期殖民历史，是其对发展中国家开展投资合作的历史负担。第二，发展中国家珍视主权和自治权利，忌惮外国势力干涉，附加"民主价值观"等政治条件的合作方式不一定可取。第三，欧洲国家政客多喜欢"画饼"，目前这些倡议都还停留在"空谈"阶段，尚未进入实质实施阶段，其有效性有待于进一步观察。欧洲国家政客能否说服私人企业加入这场"冒险"，仍有待于观察。一方面，企业趋利避害，进入一国目标是实现盈利，如果这些政治规划无法落实为有效的商业模式，将加大企业进入的阻力；另一方面，企业追求互利双赢，不认同欧洲政客"非此即彼"的对抗性思维，说服他们加入对抗中国的敌对阵营，不一定符合他们本意。

（二）挑战

首先是双方理念差异较大，难以相互兼容。

"一带一路"倡议具有鲜明的中国特色，体现了"天下大同""怀柔远人""君子和而不同"等浓厚的中国文化传承，是根植中国土壤的国际公共产品。"全球门户"倡议则体现了"欧洲中心主义"的殖民思维模式。欧洲历史上曾是全球思想、制度和技术等的重要发源地，为人类文明的发展做出了重要贡献，但也导致了欧洲对自身发展道路的自大。"全球门户"倡议以欧洲价值观为先导，着力输出欧洲理念、制度和标准，反映出在当今世界，欧洲依然坚持以自我为中心的行为方式。

在"百年未有之大变局"下，"一带一路"倡议体现出中国进一步推动全球发展合作的努力方向，其本质上是一个去地缘政治化的概念，强调的是合作而不是对抗、共赢而不是零和、联系而不是脱离、全球化而不是去全球化。"一带一路"倡议的最终目标在于，为全人类和平发展贡献中国智慧，打造开放型世界经济，推动全球治理，构建人类命运共同体。就欧方来说，欧洲十分关注近年来全球地缘政治格局变化和大国竞争，认为全球已进入"超级竞争新时代"，大国间对于影响力的争夺已白热化，欧洲必须参与其中，而不能成为大国竞争的舞台。为此，欧洲重拾传统地缘政治思维，而提出"全球门户"倡议，正是欧洲借互联互通参与全球地缘政治竞争的重要一环。欧盟刚刚制定的2021—2027年多年期财政预算中，加强了对基础设施建设的投资力度，以填补项目资金缺口，也使得欧洲国家对来自中国的基建投资兴趣下降。在欧盟认为中国的经济发展模式和政治制度对其带来严重挑战的背景下，中国提出的互联互通方案也日益被认为是服务于本国"竞争性价值体系"的工具，因此，对互联互通增加投资已经不仅仅是经济投资，而且是战略投资。①

其次是泛安全化导致合作的氛围严重政治化、欧洲保护主义浪潮迭起，严重影响合作；人权问题武器化、投资产品安全化、贸易问题政治化。

欧洲愈加认为中国对"基于规则的多边国际秩序"形成严峻的挑战，越来越强调对华合作中的"安全议题"，涉及互联互通领域中的交通与数字方面的项目，欧盟加强了对中国投资的安全审查，某些成员国甚至将中国企业排除出数字合作领域之外。尽管报告指出中欧之间存在很多共同利益，双方产业不会脱钩，但在互联互通上的合作面临安全因素的诸多影响。全球新冠疫情背景下，中欧互联互通有利于全球经济的复苏，但欧洲通过此次疫情更加重视保护供应链和价值链安全，计划减少对中国的产业链依赖，对互联互通合作意愿减弱。与此同时，中欧之间在数字互联互通的安全性、技术标准、法律规则等方面差异性较大，甚至存在矛盾，使数字互联互通合作前景变得更加不确定，且欧洲和美国之间很可能就数字治理进行合作，并对中国采取协调一致的应对措施。②

再次是现有的互联互通合作受疫情影响严重，后疫情时代合作前景不明。

史无前例的疫情使得中欧互联互通领域合作受到冲击，因为疫情，中欧之间的相互认知出现明显恶化的趋势，欧盟的决策生态系统对华不友好的趋势在增强。

新冠疫情发生后，欧洲产业链布局从"效率至上"转向"效率与安全并重"，甚至"产业安全"至上。即使传统上与中国关系

---

① Ian Anthony, Jiayi Zhou, Jingdong Yuan, Fei Su and Jinyung Kim, *China-EU Connectivity in an Era of Geopolitical Competition*, Stockholm International Peace Research Institute, March 2021.

② Ian Anthony, Jiayi Zhou, Jingdong Yuan, Fei Su and Jinyung Kim, *China-EU Connectivity in an Era of Geopolitical Competition*, Stockholm International Peace Research Institute, March 2021.

紧密的德国企业，也在高科技等领域加快多元化，提高对中国技术性贸易和投资壁垒。德国工业联合会对中国态度由务实转向激进，积极推动欧盟机构将中国认定为"制度性对手"。2021年9月，该机构主席强调中国对欧洲企业构成威胁，必须划定人权等"不可逾越的"红线，对中国市场准入设立更严苛的条件。欧盟中国商会多次出台报告分析中国营商环境变化，在认定中国与欧盟务实合作仍有较大空间的同时，也指出双方脱钩和产业链重组风险正在加大。

最后是中欧互联互通合作深受美国因素影响。

美国的介入是重要的外部变量。特朗普上台执政后，中美博弈烈度增加，欧洲也成为中美博弈强度的晴雨表。美国以中东欧国家为突破口，在经贸、科技、人文等领域不断打压中国。美国高层多次以信息安全为由胁迫欧洲国家选边站队，陆续提出"清洁网络"和"蓝点网络"计划等，旨在将中国排挤出欧洲地区。拜登上台后，美国加大了对欧洲国家尤其是中东欧国家的拉拢，推动构建对华的所谓"民主统一阵线"，污名化"一带一路"建设成就，阻碍中国企业对欧洲国家的项目投资，使得"一带一路"建设面临的阻力明显增大，发展深度合作面临困难。尤其是在欧盟强调互联互通的价值观基础的背景下，中国面临的挑战进一步增大。

五　工作建议

第一是密切跟踪欧盟互联互通倡议进展。欧盟在2018年推出欧亚互联互通后并未取得实质性进展。但2021年9月欧盟出台"全球门户"计划后，欧盟各国的态度发生了很大变化。一方面，欧盟对互联互通战略的重视程度显著增大；另一方面，欧盟互联互通计划的时间表、路线图十分清晰。但是，欧盟在实施新计划方面仍面临不少挑战，如过度依赖私人资本、协调欧盟内部各成员国之间的利益、高标准在新兴市场面临水土不服等。但鉴于前期欧亚互联互通建设的准备、欧盟"绿色新政"等计划的加持，加上与美国"重建美好世界倡议"的协作，欧盟"全球门户"计划生根落地的可能性很大。在这种情况下，中国应重视欧盟互联互通新进展，积极推动中欧互联互通伙伴关系建设。

第二是适度转换思维、调整合作方向。从"少而大"的项目模式转向为"多而小"的项目模式。在发挥以大项目为引领的背景下，结合欧洲各国的经济发展水平、地理区位、国内交通联通状况，因地制宜地开发一国内部的城市间铁路和高速公路建设，以及城市内部的地铁线路、电车升级、公路维护翻新、河道运输等交通项目。要深入调研与挖掘欧洲国家的大、中型城市交通基础设施需求，深化与欧洲地方政府间的城市交通合作。

第三是双方可积极促进经验交流和分享。中国的很多成功案例实际上是吸引欧洲人的。在互联互通上，中欧有些经验和教训是共同的，应该加大分享力度，相互取长补短。欧盟文件列举了一系列旨在提升欧洲互联互通行动在公众以及国际机构和论坛中的知名度的具体措施，包括"设计具有品牌效应的名称和标识，确立欧洲统一的叙事话语，定期举办欧洲互联互通论坛"等，值得中国去学习。双方应探讨以学术研究方式解决一些分歧问题。包括债务问题、项目风险、融资问题、污染问题等，只要是基建，这些问题都是共同的问题，完全可以通过对话来解决。近些年来，中国在进入欧洲市场时注意到要加强规则对接，意识到合规经营的重要性。但在国际市场和第三方市场上，就不是非欧盟规则不可，欧盟的互联互通原则也不应被视为"普世"准则，大家有事还是要商量着办，最终还要以谁能推动民生和发展为主要衡量指标。

第四是利用好现有的中欧互联互通合作平台。中欧之间在基础设施投资合作方面已有不少机制平台，应进一步盘活用好，包括中欧互联互通平台、欧洲复兴开发银行（中方2016年1月加入）、亚投行等机构，通过专业领域进行对话，使之成为中欧互联互通合作的沟通桥梁。2015年中欧建立了中欧互联互通平台，以探索"一带一路"建设与泛欧交通网络之间的协同合作，2018年丝路基金和欧洲投资基金设立了"共同投资基金"，中欧投资机构还建立了专门的工作组，这些协议、机制应引起双方重视并成为中欧达成合作共识的平台。

第五是保证供应链安全。中欧应共同关注运输领域的安全问题，特别是中欧班列的作用要得到重视，并得到重点保障。疫情背景下中欧班列作为快捷、高效运输方式发挥重要作用，今后应进一步做好中欧班列及中欧陆海快线的一体化整合工作，提升运输效率，加强对沿线非欧地区的风险管控。同时，空运、海运等也应继续拓展，扩展空中丝绸之路和海上丝绸之路运输通道。

第六是以合作阻力较小的领域为抓手。中欧在绿色金融、能源与气候变化等领域争议较小，合作前景较好，应该予以加强。中欧互联互通要立足务实合作，从阻力较小的领域由浅入深、以点带面推动双方互联互通合作有序推进，比如在互联互通双向市场准入方面着手开展谈判。中国可加强对规则限制较少、互联互通需求旺盛的西巴尔干地区的投入。适当降低对相关合作项目或协议的宣传力度，避免在复杂的国际局势下引起不必要的猜测。

教育之带和文化之路：回到伟大文明的未来

埃夫利彼迪斯·斯蒂里亚尼迪斯
（Evripidis St. Stylianidis）[*]

摘要：新冠疫情大流行表明了我们的世界是多么的脆弱。它提醒我们国际合作的真谛、交流的价值、人文主义的力量、相互尊重和团结的分量。它也提醒我们，仅仅一个人就足以毁灭一切，而我们甚至不知道是否能够一起拯救一个人。关闭的边界、旅游业的崩溃和居家隔离（在我们的村庄和国家），体现出了前所未有的金融形势、新社会、新的未知生活方式的特征，人类必须适应这些特征才能生存。突然间，人们不得不重新思考中国和希腊等古老历史文明原始的价值观和传统的方式。这些价值观和方式正在通过现代政治寻找它们的表达方式。剩下要做的就是起草和安排在学术、政治、文化和金融领域实施的适当政策。

关键词："一带一路"倡议、希腊、中国、教育

---

[*] 塞浦路斯前外交部副部长（2004—2007年）、教育部长（2007—2009年）、运输和通讯部长（2009年）以及内政部长（2012—2013年），欧洲大学法学院助理教授，宪法学博士。

很难想象，中国和希腊这两个国家之间的距离有多远，同时又有多近。它们文化渊源的深度和几个世纪以来的历史证明了，相互尊重、精神交流、文化理解和多层次合作是正确的。我将尝试分析我们国家之间的这种关系。

一　玻璃制成的世界

新冠疫情大流行表明了我们的世界是多么的脆弱。

它提醒我们国际合作的真谛、交流的价值、人文主义的力量、相互尊重和团结的分量。它也提醒我们，仅仅一个人就足以毁灭一切，而我们甚至不知道是否能够一起拯救一个人。

关闭的边界、旅游业的崩溃和居家隔离（在我们的村庄和国家），体现出了前所未有的金融形势、新社会、新的未知生活方式的特征，人类必须适应这些特征才能生存。人们不得不重新思考中国和希腊等古老历史文明原始的价值观和传统的方式。这些价值观和方式曾是这些文明的支柱，并正在通过现代政治寻找它们的表达方式。

很明显，全球出现的日常问题只有通过国际合作才能得到妥善解决，因为它们无法由个人解决。

最近的发展证明了"一带一路"倡议的合理性，因为它优先考虑不同国家、市场、社区和文明的联系、对接和合作。

互联交通、电力供应链、国家营养自给、能源安全、远程办公、远程医疗、远程教育、人工智能、应用机器人、电子政务、安全快捷的交通和通信、电子商务、数字信息，只是一个不可预测的世界中的少数技术工具。这样的一个世界即将到来，我们必须做好准备——"我们都生活在一个由玻璃制成的世界，这就是为什么我们不能互相扔石头"。①

全球卫生危机表明，我们的国家和我们的文明是互补而不是对立的力量，在合作的条件下，可以实现和谐发展、全球和平与安全，以及人类的繁荣和自由。

"一带一路"倡议很早就强调了东西方、亚欧、中国/希腊/塞浦路斯之间互联互通的必要性。中远集团（COSCO）在比雷埃夫斯港的重要投资、希腊船东在中国船厂的订单以及上述三个国家间快速发展的商业和旅游业，已经对经济产生了积极影响。

两国的大小看似不对称，但合作的成功和前景取决于两国所代表的文明的力量、耐力和深度。中国人是全世界唯一以其真名（"Xīlà"，Hellas）称呼希腊的民族，这是尊重和欣赏希腊人的表示——希腊人民一如既往地回报这种感情：2004年雅典奥运会后将奥运圣火传递给北京时，这一点就很明显了。

就希中关系而言，"一带一路"倡议的附加值不仅限于经济合作领域；它还专注于教育和文化领域，在这些领域，两国都可以为彼此和为人类做出很多贡献。

从精神上、科学上、技术上，但主要是在价值观上，希中合作无疑可以为当前和未来的困境提供答案。我们两个伟大的文明确实拥有永恒的深度和活力，渴望并能够解决新问题，为新一代人提供视角和希望。剩下要做的就是起草和安排在学术、政治、文化和金融领域实施的适当政策。

---

① Evripidis St. Stylianidis, "The Painful Adjustment in Our Lives. Time for National Self-sufficiency", Journal ESTIA, 8 April 2020 (in Greek：Ευριπίδης Στ. Στυλιανίδης, 《Η επώδυνη προσαρμογή στη ζωή μας. Ώρα για εθνική αυτάρκεια》, Άρθρο στην εφημερίδα ΕΣΤΙΑ, 8Απριλίου 2020).

二 经济合作:"货物越过国界,军队不越过"

自古希腊和拜占庭时期以来,"丝绸之路"一直连接着希腊所在的欧洲东南部和中国领土的中心。如前所述,中国人是世界上唯一按照其真名翻译"希腊"(Xīlà)一词的民族。"希腊"是"Hellas"一词的中文翻译,因为"Hellas"是希腊人自己对我们国家使用的名称。"Greece"是一个纯粹出于偶然和外交原因被西方使用的名字。中国人也称我们为"Da Yuen"(大宛),意思是"大爱奥尼亚人"(Great Ionians)。这是指公元前250年至前125年的希腊大夏(Bactria)王国。它在一个多世纪的长河中,与中国和印度发展贸易并建立了商业关系。

根据传说,公元554年,东正教僧侣将蚕藏在空心木棍中,运往"Vassilevousa"(君士坦丁堡),即当时在查士丁尼皇帝统治下的东罗马帝国(拜占庭)的首都。从那时起直到今天,丝绸生产在希腊东北部的色雷斯(Thrace)地区开始并蓬勃发展。[1]

尽管现在希腊和中国在人口规模、宗教、政治制度和语言等方面存在差异,但由于各自不同的文明而发展起来的相互尊重,使他们近年来多次在政治上互相接近。

2006年,希腊总理科斯塔斯·卡拉曼利斯(Kostas Karamanlis)率团访问中国。就我个人而言,我有幸以当时的外交部副部长和后

---

[1] Evripidis St. Stylianidis, *Thrace: The Greek Model of an Open Democratic Society*, Athens: Minoas, 2018.

来的教育部长的身份协调了这次访问。① 从那时起，我们两国之间的政府间和跨国联系一直保持着非常高的水平，而各自的商务代表团为双边经济关系带来了显著改善。2019 年，我们的双边贸易额翻了一番多，达到 50 亿欧元。

石油、大理石、矿产、棉花、药品、机械、航运设备和各种优质食品，只是希腊向中国市场出口的部分商品。这种贸易持续扩大。与此同时，2020 年第一季度，希腊是对中国市场出口增长率第二高的国家（33%）。这一成就可以归功于希腊总理基里亚科斯·米佐塔基斯（Kyriakos Mitsotakis）前往上海出席第二届中国国际进口博览会和中国国家主席习近平对希腊进行的国事访问。两国领导人对对方国家的访问，也彰显了我们两国人民和政府之间的团结精神和互相尊重。

在我 2006 年担任外交部副部长期间，中远集团在比雷埃夫斯港进行的标志性投资，也凸显了希腊这个小而具有战略重要性的市场对于希望进入大而竞争激烈的欧洲市场的中国企业，所具有的独特吸引力。比雷埃夫斯港是大型集装箱船，从苏伊士运河进入地中海时停靠的第一个欧洲大型港口，其地理位置使这项投资具有战略意义。

作为负责促进两国双边经济关系的部长，我有机会多次会见当时的中远集团首席执行官以及中国政府部长，讨论这项投资。基于我们之间发展的相互信任和两国利益的明显互补性，我们为后来希腊总理科斯塔斯·卡拉曼利斯和时任中国国家主席胡锦涛签署的这项伟大的投资协议奠定了基础。

让我举一些例子来证明我们两国是如何互补的。

---

① "The Joint Communiqué between the People's Republic of China and the Republic of Greece on the Establishment of Comprehensive Strategic Partnership", 19 January 2006, https://www.fmprc.gov.cn/mfa_eng/wjdt_665385/2649_665393/200601/t20060119_679141.html（in Greek: Κοινή δήλωση συνολικής Στρατηγικής Εταιρικής Σχέσης μεταξύ Λαϊκής Δημοκρατίας της Κίνας και της Ελληνικής Δημοκρατίας, Πεκίνο 19 Ιανουαρίου 2006, τελευταία ανάκτηση 21.01.2021）。

中国正在生产希腊商船运往世界其他地区的货物。中国正在寻找通往欧洲市场的途径，而希腊则正在通过提供其港口作为中国商品通往欧洲的门户。

中国正在其造船厂里建造商船，希腊船东则利用这些商船扩大船队。希腊的商业船队已经是世界上最强大的。中国虽然与希腊相比是一个巨大的国家，拥有14亿人口，10.3万亿美元的国内生产总值（世界第二大经济体），在出口和外汇储备（2017年为3.1万亿美元）方面世界第一，它仍看到了希腊的优势。对中国来说，希腊凭借其国际声誉和全球网络，可以成为中国的商业伙伴和支持者，并有效发挥与中国和欧盟以及和世界之间的桥梁和门户的作用。

毕竟，与西方保持牢固关系和向东方伸出稳定可靠的合作友谊之手，都是希腊的战略选择。

在此我还要强调，如今希腊拥有或悬挂希腊国旗的商船运输着最多的通过海路进入中国市场的能源（石油、液化天然气、液化石油气等）。希腊船东已在中国造船厂完成并继续建造1000多艘船舶，价值达500亿美元。此外，仅2015年，中远就租赁了113艘希腊所属的船舶，支付了10亿欧元的运费。

中国对希腊人民的赞赏以及对希腊和塞浦路斯作为一个互补、友好市场的重要性的认可，体现在了习近平主席2019年11月11日对雅典的访问中。那次访问期间，两国签署了涉及司法、投资、航运、农产品、银行和金融合作、教育和体育领域的16项双边协议。[1]

仅2017年，中远集团在交通、能源和电信领域的投资以及其他中国企业在希腊直接投资就超过13亿美元，另外还有8亿欧元计划用于比雷埃夫斯港码头扩建。

---

[1] Hellenic Republic-Ministry of Foreign Affairs, Section B5-International Economic Relation: China's International Economic Position and Greece-China Bilateral Economic-trade Relations.

正如习近平主席所讲，要发挥比雷埃夫斯港项目的引领和示范作用，共建"一带一路"。这将希腊描绘成中国"一带一路"倡议的关键合作伙伴，此外，希腊还是中国—中东欧国家合作机制的成员。这一发展证实了古希腊人的说法："货物越过边界，军队不越过。"①

三 教育是危险的全球化和文化克隆之雨中的安全带（麦当劳化）

我们在生活中失去的生命在哪里？
我们在知识中失去的智慧在哪里？
我们在信息中失去的知识在哪里？

艾略特（Eliot）在《岩石》十首合唱里第一合唱中的台词几乎是预言性的，特别是如果我们考虑到它们写于两次世界大战之间的20世纪30年代的话。它们是关于教育如何因不受限制地积累更多信息而受到威胁的悲惨的沉思，这些信息不易转化为知识，进而转化为智慧，而正是智慧构成了精神和智力的最终目的。

现如今，全球化已成为封闭体系和分裂世界——这是20世纪冷战的结果——的另一个极端。它可能创造了科学、技术、经济和社会的快速发展，但也带来了国际化的问题。②

它鼓励文明的克隆；它打击了文化多样性的财富；它寻求价值模式的均质化，逐渐破坏民族文化至高无上的价值、品质和多样性。这种席卷全球的"麦当劳化"潮流威胁着那孕育了包括中国和

---

① "Greece and China", https://www.mfa.gr/china/en/greece/greece-and-china/.
② Petros Papakonstantinou, *Human Beings and Robots, the Challenges of Artificial Intelligence*, Athens: Livani, 2020 (in Greek: Πέτρος Παπακωνσταντίνου, Άνθρωποι και Ρομπότ, οι προκλήσεις της τεχνητής νοημοσύνης, Εκδόσεις Λιβάνη, Αθήνα 2020).

希腊在内的伟大文明的永恒价值观。

和谐、民主、和解、相互尊重、国际合作、文化等价值观都是世界和平的基础。①

我们声称人类正在进步,因为技术在发展,这是一个积极的问题。但是,人有两条腿。如果一条腿是技术,那么那条腿就已经变得肥大了。如果第二条腿是人文和哲学,那么它就一直在萎缩。

因此,我们面临着失去平衡、危及一直是中国和希腊哲学核心要素——和谐的风险。正如希腊前总统普罗科比斯·帕夫洛普洛斯(Prokopios Pavlopoulos)指出的那样:

> 我们的基本结论是,技术是智力最崇高的成就之一。人类智力的演化是由信息到知识和知识到科学(即智慧)的持续和不受阻碍的转换驱动的。将现代人类生活与过去的生活形式进行比较是不可能的,因为科学标准的差异是无法弥合的,这是技术进步和人类生活改善的无可辩驳的见证。这种改善影响到我们生活的方方面面,包括预期寿命、生活条件以及我们通过参与经济政治生活和科学创造来发展我们个性的方式。我们每个学科的潜力变得越来越多,这种高质量生产力的最高表现就是国家科学(National Sciences),即使人文学科并没有落后太多。最近的技术进步比预期慢,这一事实不应归因于技术进步为我们提供的手段,而是我们自己的优先事项,这取决于我们自己的态度和决定。②

---

① The Economist, *The World in 2050. Great Changes. Great Challenges*, Athens: Minoas, 2012 (in Greek: The Economist, Ο Κόσμος το 2050. Μεγάλες αλλαγές. Μεγάλες προκλήσεις, εκδ. ΜΙΝΩΑΣ, Αθήνα 2012).

② Prokopios Pavlopoulos, *From the Industrial Revolution to the Technological one-to the Constellation of an Uncertain Future*, Athens: Gutenberg, 2019 (in Greek: Προκόπιος Παυλόπουλος Πρόεδρος Ελληνικής Δημοκρατίας, 《Από τη Βιομηχανική Επανάσταση στην Τεχνολογική - στον αστερισμό ενός αβέβαιου μέλλοντος》, Εκδόσεις Gutenberg, Αθήνα 2019).

1992年，当时的中国国家领导人邓小平就回答了这个问题。当前正在开展研究并以前所未有的速度积极推动新技术、人工智能、机器人、通信、现代科学和外向型实体经济的国家领导人，应同时不忘文化的深厚历史根源，和将教育作为安全区以避免价值脱轨的重要性。因为，如果发生这样的事情，将不仅会伤害祖国，还会伤害整个人类：

> 根据我长期从事政治和军事活动的经验，我认为，最重要的是人的团结，要团结就要有共同的理想和坚定的信念。我们过去几十年艰苦奋斗，就是靠用坚定的信念把人民团结起来，为人民自己的利益而奋斗。[①]

中国著名希腊学家罗念生（1904—1990年）在完成希腊语学业后，毕生致力于将超过1000万字的希腊古典著作和研究翻译成中文，其倡议和工作指明了两国人民必须走的道路，以进一步拉近两个文明的距离。陈敏华教授将20部古希腊书籍翻译成中文，他的工作进一步加强了这一方向。

两国还应克服语言障碍，重新熟悉彼此。应尽一切努力相互学习对方的语言和研究。

北京大学希腊研究中心的成立、上海外国语大学希腊语系教习岗位的设立、希腊大学中汉语教学的开展、希腊和塞浦路斯孔子学院的成立以及中、希、塞三国学生交流项目的设立，这些是双向系统交流的基础，这种交流能够将两国关系的确定性引导至在科学、研究、哲学、政治、经济等诸多领域的战略伙伴关系。深厚的历史渊源、两种文明不同心态和思维的相互尊重和互补，催生了一套有

[①] 《邓小平文选》第3卷，人民出版社1993年版，第190页。

助于全球合作、和平与平衡,即世界和谐的现代教育价值观。

除非像中国和希腊这样已经存续了数千年并持续到今天的文化发挥领导作用,还有谁能更全面地为人类和只有两三百年历史的新成立的国家提供这样的服务呢?现在可能是我们大学之间开展教育合作的最佳时机,因为这将是一项明智且回报丰厚的投资,新一代希腊人和中国人将从中受益。①

四 "一带一路"倡议作为伟大文明未来的共同视角

西方文化和中国文化的差异并没有像人们所期望的那样产生一种相互了解,并从彼此固有智慧中受益的有趣的智力游戏,相反,正如包括塞缪尔·亨廷顿(Samuel Huntington)在内的一些分析家所描绘的,已经成为一个可能的冲突来源,这也是他的文章《文明的冲突》的灵感来源。

哈佛大学肯尼迪政府学院道格拉斯·狄龙(Douglas Dillon Chair)治理学教授格雷厄姆·艾利森(Graham Allison)通过发展"修昔底德陷阱"理论预测了美国和中国之间的困难关系。②

根据古希腊历史学家修昔底德的说法,"雅典的崛起和斯巴达挥之不去的恐惧,使战争不可避免"。从历史上看,一方面崭露头角的崛起力量会感受到越来越多的优越感,从而获得更多影响力和尊重。另一方面,老牌势力往往将那些崛起的势力视为挑战者,变得更具防御性和不安全感。它们之间的交流很困难,而在这种环境

---

① Wu Bangguo, "Speech at the FORUM of Trade and Economic Cooperation between China and Greece", Athens, 23 May 2006.

② Allison, Graham, *Destined for War: Can America and China Escape Thucidides's Trap?* Boston-New York: Houghton Mifflin Harcourt, 2017.

下，误解被放大了。因此，在第三方的参与下，琐碎和可管控的事件可能会引发战争，即使主角无意互相对抗。①

希腊人拥有足够的知识和历史深度来解释并将西方保护权利和促进个人自由的个人主义，同源于尊重等级和纪律的中国人的秩序感、和谐感结合起来。用孔子的话来说就是"君君，臣臣，父父，子子"（knowing your place），柏拉图在《理想国》中也有类似的描述。

希腊可以理解美国的自信。美国作为过去 245 年来的全球政治、军事和经济超级大国，致力于传教士般地维护国际法治和共和政体作为唯一公正的治理形式。但希腊也能体会到中国的自信，它拥有 5000 年的历史，并几乎占据了世界秩序中次席的位置。中国展现出了不一样的时间感；它以耐心和深度提出了一项倡议，不是针对未来几年，而是针对未来几代人。

希腊在西方世界国家中处于独特的位置，将中国等古老伟大文明的智慧和西方新民主国家的思考结合起来。希腊处于连接东西方的"丝绸之路"的中间，了解荷马指出的永恒尤利西斯思想（the mind of the eternal Ulysses）的多面性，了解修昔底德的客观性和深刻的现实分析，了解战无不胜的亚历山大大帝的战略思想和效率，了解象征性的双头鹰标志的深远影响。这只双头鹰，一头向东，一头向西，在拜占庭时代曾是帝国外交政策的象征。最后，希腊可以看到硬币的两面，因为她是现代希腊国家创始人约阿尼斯·卡波迪斯特里亚斯（Ioannis Kapodistrias）所倡导的非凡的多面外交（multifaceted diplomacy）的继承者。卡波迪斯特里亚斯在来到希腊之前，曾担任俄罗斯外交部长，而他在成为希腊首任总督之前，还为停止欧洲中心地区的战争以及建立世界上第一个也是最稳固的联邦国

---

① Graham Allison, "China vs USA: The Next Clash of Civilizations", *Foreign Affairs*, Vol. 96, No. 5, 2017, pp. 80 – 89.

家——瑞士做出了巨大贡献。

正是由于上述历史和文化原因，希腊文化（Hellenism）可以帮助西方和东方绕过现代"修昔底德陷阱"，帮助东西方重新相遇。这不仅是为了重新建立摇摆不定的力量平衡，更主要是为了拉近双方政府的关系，使它们想起中国所宣扬的历史、文化和现代政治观念和思想。

"一带一路"倡议远非单一维度的路径。它涉及政府（政治）、市场（贸易和经济）、人民（社会）和民族（文化）。基于这种认识，中国领导人、"一带一路"倡议的发起人习近平主席表示：

> "一带一路"倡议，唤起了沿线国家的历史记忆。古代丝绸之路是一条贸易之路，更是一条友谊之路。在中华民族同其他民族的友好交往中，逐步形成了以和平合作、开放包容、互学互鉴、互利共赢为特征的丝绸之路精神。在新的历史条件下，我们提出"一带一路"倡议，就是要继承和发扬丝绸之路精神，把中国发展同沿线国家发展结合起来，把中国梦同沿线各国人民的梦想结合起来，赋予古代丝绸之路以全新的时代内涵。[①]

五　法律文化对"一带一路"倡议扩展的重要性[②]

对于希中合作而言，认识到当代的发展资本主要包括知识产

---

① Xi Jinping, *The Governance of China II*, Beijing: Foreign Languages Press, 2017.
② Evripidis St. Stylianidis, "Constitutional Revision 2019, a Missed Opportunity or a New Beginning?" European University Cyprus-Nomiki Bibliothiki Athens 2020 (in Greek: Ευριπίδης Στ. Στυλιανίδης, 《Συνταγματική Ανάθεώρηση 2019, Χαμένη ευκαιρία ή νέο Ξεκίνημα》, Εκδ. Ευρωπαϊκό Πανεπιστήμιο Κύπρου - Νομική Βιβλιοθήκη 2020).

权，而不是以前优先考虑的房地产既得担保权益，这一点至关重要。① 这是因为在全球化经济时代②，市场本身会提供回报，但政府政策也会激励创新，这种创新可能全部或部分地指制造过程、原材料、中间工业产品、最终产品、生产过程、产品的外部配置、形状和图案、商业秘密、其他显著特征和技术创作等。

希腊工业产权法与欧洲和国际双边、多边贸易合作协议充分协调，以促进发展的方式规范希腊市场，而这一市场是通往欧盟的门户。希腊知识产权法为授予和保护广泛的无形资产权利提供了有效的法律工具。这些权利包括专利、工业设计、商标、医药产品和植物保护剂的补充保护证书、植物品种、商业秘密、版权等权利。③

近期，鼓励投资资本以及在第一、第二产业和服务业建立生产单位的措施得到了升级，变得特别有吸引力。这些措施包括有条件免税的强有力的税收激励、与战略投资有关的短期诉讼程序、健全的法律框架、保护无形财产权免受模仿和假冒的有效程序，等等。这些措施不仅出现在国内和欧盟其他地区，也发生在包括希腊和塞

---

① A. J. Wurzer/C. B. Frey, "Growth and Wealth Creation in a Knowledge Economy: The Role of IP-Managers", in Wurzer/Dreyer, *IP-Manager*, Carl Heymanns Verlag, 2009, p. 359; W. Bird, "IP Valuation", in A. Jolly, *The Handbook of European Intellectual Property Management*, 3rd ed., Kogan-Page, 2012, pp. 222-226.

② 关于知识作为全球化商业化的对象，请参见 N. Lyberis, "EU Law and Globalization: Overlapping between Industrial Property Law and Banking Law", in Cypriot Nomiko Vima, issue 1/2019, pp. 72, 83 (in Greek: Νικόλαος Λυμπέρης,《Ενωσιακό δίκαιο και παγκοσμιοποίηση: επαλληλία μεταξύ δικαίου βιομηχανικής ιδιοκτησίας και τραπεζικού δικαίου》, σε Κυπριακό Νομικό Βήμα τ. 1/2019, σ. 72 επ. ιδίως 83 επ).

③ 关于专利作为投资动员和摊销机制，请参见 M.-Th. Marinos, Patent Law, Sakkoulas 2013, p. 10; N. Lyberis, Patents (p. 377), Supplementary Protection Certificates (SPCs) and Pediatric Extension thereof (p. 390), Designs (p. 398), in Greek: Law Digest- The Official Guide to Greek Law, 3rd ed. 2019 (www.greeklawdigest.gr); 此外，请参见欧盟知识产权局最近的研究: IP rights intensive industries and the economic performance in the EU (https://euipo.europa.eu/ohimportal/en/web/observatory/ip-contribution)。

浦路斯在内的欧盟外部边界地带。①

特别值得注意的是，最近政府在经济发展政策的两个关键领域进行了改进干预，即提升反垄断委员会和能源监管局的作用。它们是两个独立的行政机构，后者负责监督和授权生产、传输和管理各种形式能源的不断增加的业务单位，而前者则确保遵守自由竞争规则和对市场经济至关重要的所有领域的秩序。

由于在经济发展与合作领域存在具有战略重要性的共同特点，希中在上述领域的合作大有可为。这些共同特点包括但不限于：文化价值观和传统、国际公认的个人和企业实体在高端技术（信息技术、人工智能、物联网等）方面的创造性、这些实体的高度国际化外向性、原材料和投资项目的相互开发、具有强大航运能力的海上贸易以及独特的地球物理和地缘政治数据，例如港口和多样化的地理结构，它们能确保快速和以经济上有吸引力的方式进入欧盟和巴尔干市场。

六　一项造福人民的倡议

"一带一路"倡议当然是建立在各国政府通过政治外交寻求跨国合作，以及通过市场经济外交发展经贸合作的基础上。然而，这一倡议的主要目标和驱动力是人文交流的发展。

中希两国人民之间的这种相互了解和相互尊重主要通过旅游来发展，并通过教育和文化合作得到加强。

---

① 2019 年 9 月 23 日，希腊专利局管理层和中国国家知识产权局高级官员就相关话题进行了讨论。随后，中国官方代表团、希腊专利局国际法律事务部负责人以及独立知识产权律师事务所瓦亚诺斯·科斯托普洛斯（Vayanos Kostopoulos）三方，就知识产权事务关键方面的法律态度问题举行了交流会。N. 利贝里斯博士是该律师事务所的管理合伙人，他还是塞浦路斯欧洲大学的客座助理教授。

因此，2017 年开通了中国国际航空公司北京至雅典的直飞航班。

自 2017 年以来，中国访问希腊的游客数量每年增长超过 30%，2019 年访问希腊的中国游客总量已超过 20 万人。然而，由于新冠疫情切断了这一上升势头，他们仍仅占希腊所有入境游客的 0.64%，但是，一旦局势正常化，希腊和塞浦路斯签证的便利化必将创造新的动力。

即将开展的大学间教育合作进一步加深了两国人民间的直接联系和交流，因为这是两个伟大的文明未来可以开展的最严肃的投资。下一代希腊人和中国人将形成双边合作区（Zones of Bilateral Cooperation），行走在共同的教育和文化之路上。

"一带一路"与全球治理的未来发展

徐秀军[*]

摘要： 作为顺应全球化发展大势和全球治理时代需求的重大国际合作倡议，"一带一路"推动了全球治理理念的发展与创新，有力地回应了国际社会的单边主义和保护主义思潮，为世界各国以新的理念参与全球治理提供了示范。同时，"一带一路"倡议以互联互通、共同发展为沿线国家参与全球治理提供了新平台，并推动全球治理机制改革和重点领域发展取得了新成果。展望未来，"一带一路"高质量发展将为沿线国家继续创造参与全球治理的良好条件和环境、不断发挥沿线国家在全球发展治理中的优势、不断推动"一带一路"国际合作的机制化建设，从而塑造全球治理的新动力。

关键词： "一带一路"、全球治理、治理赤字

2013年秋，习近平主席在出访哈萨克斯坦和印度尼西亚时先后提出共建"丝绸之路经济带"和"21世纪海上丝绸之路"（简称

---

[*] 中国社会科学院世界经济与政治研究所国际政治经济学研究室研究员、主任，中国社会科学院国际政治经济学院教授、博士生导师。

"一带一路"倡议）。依托"一带一路"建设，中国参与和引领国际合作迈入新的历史阶段。2017年5月，习近平主席在首届"一带一路"国际合作高峰论坛开幕式的主旨演讲中指出，"和平赤字、发展赤字、治理赤字，是摆在全人类面前的严峻挑战"。[①] 而共建"一带一路"正是中国应对这些挑战的中国方案。2013年以来，"一带一路"倡议从概念到具体实践行动，政策沟通、设施联通、贸易畅通、资金融通和民心相通日益深化，并逐步走出了一条不断向高质量发展转变之路。"一带一路"倡议之所以得到越来越多的参与方的响应，在于它顺应了国际合作发展的新形势，并以互联互通、共同发展为应对全球化挑战和全球性问题提供了新的平台。

一 "一带一路"倡议提出的背景

"一带一路"倡议的提出拥有深刻的国际与国内背景，与时代发展潮流深度契合。从国际上看，经济全球化面临严峻挑战，全球治理体系经历深刻调整；从国内来看，中国改革开放进入新的历史阶段，肩负新的历史使命。

（一）全球治理体系深刻调整

关于经济全球化进程，习近平主席沿着世界市场的发展脉络将其划分为以下三个历史阶段：一是殖民扩张和世界市场形成阶段。西方国家靠巧取豪夺、强权占领、殖民扩张，到第一次世界大战前基本完成了对世界的瓜分，世界各地区各民族都被卷入资本主义世界体系之中。二是两个平行世界市场阶段。第二次世界大战结束

[①] 习近平：《携手推进"一带一路"建设——在"一带一路"国际合作高峰论坛开幕式上的演讲》，人民出版社2017年版，第4页。

后，一批社会主义国家诞生，殖民地半殖民地国家纷纷独立，世界形成社会主义和资本主义两大阵营，在经济上则形成了两个平行的市场。三是经济全球化阶段。随着冷战结束，两大阵营对立局面不复存在，两个平行的市场随之不复存在，各国相互依存大幅加强，经济全球化快速发展演化。[①] 2008年国际金融危机爆发后，我们所处的经济全球化阶段呈现新的历史特征。国际金融危机后，国际贸易大幅下滑，国际投资活动出现萎缩，各种形式的保护主义不断涌现，很多外向型经济体遭受沉重打击。为此，一些经济学家对全球化的发展趋势产生了怀疑，并认为世界正朝着"去全球化"的方向发展。

在此背景下，一些国家为了自身利益以邻为壑，大力推行保护主义和单边主义的政策，并由此引发连锁负面反应。由于经济社会问题频现，各国政府都寄希望于通过政策调整来维持稳定的经济社会秩序。这本来是应对问题与挑战的积极行动，但一些国家在政策调整过程中只顾自身利益，催生了各种形式的保护主义。尤其是全球主要经济体，其政策的溢出效应很强。一国的政策调整往往导致他国采取相应的应对措施，这反过来又使该国不得不实施进一步的政策调整。在这种恶性循环中，各国被迫加大政策调整的力度和频率。政策调整引发的连锁反应，不仅破坏了各国政策的延续性和可预期性，也侵蚀了国际合作和经济全球化的根基，全球多边经贸机制也因此经受巨大挑战。

经济全球化进程的深刻转变带来了全球经济治理体系的深刻转变，并对全球经济治理体系提出了更高要求。面对世界经济形势的发展演变，全球经济治理需要与时俱进、因时而变。"坚持多边主

[①] 习近平：《在省部级主要领导干部学习贯彻党的十八届五中全会精神专题研讨班上的讲话》，《人民日报》2016年5月10日第2版。

义，谋求共商共建共享，建立紧密伙伴关系，构建人类命运共同体，是新形势下全球经济治理的必然趋势。"① 新的历史阶段，"全球经济治理应该以平等为基础，更好反映世界经济格局新现实，增加新兴市场国家和发展中国家代表性和发言权，确保各国在国际经济合作中权利平等、机会平等、规则平等。全球经济治理应该以开放为导向，坚持理念、政策、机制开放，适应形势变化，广纳良言，充分听取社会各界建议和诉求，鼓励各方积极参与和融入，不搞排他性安排，防止治理机制封闭化和规则碎片化。全球经济治理应该以合作为动力，全球性挑战需要全球性应对，合作是必然选择，各国要加强沟通和协调，照顾彼此利益关切，共商规则，共建机制，共迎挑战。全球经济治理应该以共享为目标，提倡所有人参与，所有人受益，不搞一家独大或者赢者通吃，而是寻求利益共享，实现共赢目标"。② 习近平总书记提出"一带一路"倡议既是全球经济治理的中国方案，更是推动建设开放、包容、普惠、平衡、共赢的经济全球化的根本途径。

(二) 中国经济发展进入新时代

中华人民共和国成立后，尤其是改革开放以来，中国经济取得了飞速发展。在改革开放以来的四十多年间，中国经济的快速增长创造了世界经济史上的奇迹，实现了年均约10%的高速增长。中国成为世界经济的领航者，为世界经济的稳步增长做出了重大贡献。国际货币基金组织（IMF）数据显示，中国按市场汇率计算的国内生产总值（GDP）由1980年的3053亿美元增至2013年的9.635万

---

① 习近平：《抓住世界经济转型机遇 谋求亚太更大发展——在亚太经合组织工商领导人峰会上的主旨演讲》，《人民日报》2017年11月11日第2版。
② 习近平：《中国发展新起点 全球增长新蓝图——在二十国集团工商峰会开幕式上的主旨演讲》，《人民日报》2016年9月4日第3版。

亿美元，同期人均GDP由309美元增至7080美元。值得一提的是，2010年中国GDP总量达到6.066万亿美元，超过日本成为世界第二大经济体。与此同时，中国的经济总量与美国也日益接近。2013年中国的GDP总额约占美国GDP的六成，而在1980年，这一比例仅为一成左右。如果按照购买力平价（PPP）来计算，中国经济在全球经济中占据更加重要的地位。早在1999年，中国按PPP计算的GDP总量达到3.33万亿国际元，占世界经济的份额为7.1%，实现了对日本经济总量的超越。2014年，中国按PPP计算的GDP总量达到18.28万亿国际元，占世界经济的份额上升为16.5%，超过美国成为世界第一大经济体。[①]

在贸易方面，改革开放以来，中国逐渐开拓了一条以开放促改革、以开放促发展的道路，从世界贸易体系的边缘国家成长为世界贸易强国。加入世界贸易组织后，中国更加积极顺应全球产业分工不断深化的大趋势，充分发挥比较优势、承接国际产业转移，大力发展对外贸易并积极促进双向投资，开放型经济实现了跨越式发展，并站在新高度以自己的努力重塑了中国与世界的关系。1978年，中国的货物贸易总额约为210.86亿美元。此后，中国对外贸易进入迅猛发展的黄金时期。2001年中国刚加入世界贸易组织时，中国的货物贸易总额约为5096.51亿美元，其中出口额为2660.98亿美元，世界排名第六。而同期美国的对外货物贸易额为19082.8亿美元，为中国的3.74倍。2007年，中国货物出口额达到1.220万亿美元，超过美国1.148万亿美元的出口规模，成为世界第一大货物出口国。2013年，中国货物贸易总额达到4.159万亿美元，首次超过美国3.909万亿美元的货物贸易总额，跃居世界第一大货

[①] International Monetary Fund, "World Economic Outlook Database", October 2019, http://www.imf.org/weo.

贸易国。① 中国对外贸易的迅速发展，尤其是出口贸易的快速增长，使中国积累了大量的贸易顺差，为国内经济发展积累了资金技术，对改善经济结构、加速工业化进程、推动国内技术进步、增强经济抗风险能力、带动国内就业等方面都具有积极意义。但是，持续顺差导致的巨额外汇储备也会影响国内货币政策的独立性，加大货币升值压力和外汇储备保值增值的难度，并会成为他国挑起贸易摩擦的借口。

在国际直接投资方面，中国已成为全球最为重要外商直接投资目的地和来源地。长期以来，美国在吸引外商投资方面扮演了世界领导者角色，世界上大部分主要跨国并购和新企业海外项目在美国境内发生。但在2008年国际金融危机后，全球外商直接投资格局开始发生深刻变化。联合国贸易和发展会议（UNCTAD）数据显示，2009年美国外商直接投资流入额较上年的3063.66亿美元下降53.1%至1436.04亿美元，2013年仍维持在2013.93亿美元的水平。与此同时，中国的外商直接投资流入稳定增长。1979年中国外商直接投资流入额仅约为80万美元，次年增加至570亿美元；2013年中国的外商直接投资流入额达1239.11亿美元，并成为全球第二大外商直接投资目的地。② 在2012年上半年，中国吸引外资规模曾超过美国。虽然2012年下半年美国吸引外资反超中国，但这已经反映出国际金融危机后全球外商直接投资流动格局的巨大变化。新兴市场与发展中经济体在吸引外资方面的增长趋势日益明显，而以美国为代表的发达经济体对外资的吸引力则日益减弱。这使得加强同新兴市场与发展中经济体之间的投资合作很有必要。

得益于中国经济的持续发展，中国在世界经济中的地位与作用

---

① "UNCTAD Database"，10 March 2020，http://unctadstat.unctad.org.
② "UNCTAD Database"，10 March 2020，http://unctadstat.unctad.org.

不断提升，同外部世界的互动关系日益加强。经济上的巨大发展成就，更是奠定了民族复兴伟大梦想的坚实基础。2012 年 11 月 29 日，习近平总书记在国家博物馆参观《复兴之路》展览时指出，"实现中华民族伟大复兴，就是中华民族近代以来最伟大的梦想"。[①] 但在一个你中有我、我中有你的人类命运共同体中，实现中华民族伟大复兴梦想必须建设持久和平、普遍安全、共同繁荣、开放包容、清洁美丽的世界。从这个意义上讲，提出"一带一路"倡议是深刻认识和把握中国全新历史使命的现实选择，是彰显中国负责任大国形象的重要支柱。

二 "一带一路"对全球治理的贡献

作为顺应全球化发展趋势和全球治理时代需求的重大国际合作举措，"一带一路"推动了全球治理理念的发展和创新，有力地回应了国际社会的单边主义和保护主义，为世界各国以全新理念参与全球治理提供了示范。同时，"一带一路"为沿线国家通过互联互通、共同发展参与全球治理提供了新平台，为全球治理机制建设和重点领域合作注入了新动力。

（一）理念创新

"一带一路"国际合作倡导"和平合作、开放包容、互学互鉴、互利共赢"的丝路精神、"共商共建共享"原则和人类命运共同体意识。它们共同构成了"一带一路"倡议的理念体系，是对古今中外处理国际关系的传统理念的扬弃。

首先，以和平合作、开放包容、互学互鉴、互利共赢为核心的

[①] 《习近平谈治国理政》第 1 卷，外文出版社 2018 年版，第 36 页。

丝路精神是古丝绸之路留给当今世界的宝贵启示，更符合当今时代各国交往与合作的现实需求。2013年9月7日，习近平主席在哈萨克斯坦纳扎尔巴耶夫大学发表演讲指出，古丝绸之路留给我们的宝贵启示是"只要坚持团结互信、平等互利、包容互鉴、合作共赢，不同种族、不同信仰、不同文化背景的国家完全可以共享和平，共同发展"。① 2014年6月5日，习近平主席在中阿合作论坛第六届部长级会议开幕式上发表重要讲话明确指出，"千百年来，丝绸之路承载的和平合作、开放包容、互学互鉴、互利共赢精神薪火相传"。② 2017年5月14日，习近平主席在北京出席首届"一带一路"国际合作高峰论坛开幕式，并发表主旨演讲再次强调，"古丝绸之路绵亘万里，延续千年，积淀了以和平合作、开放包容、互学互鉴、互利共赢为核心的丝路精神"，并强调将"一带一路"建成和平之路、繁荣之路、开放之路、创新之路、文明之路。③ 在和平合作、开放包容、互学互鉴、互利共赢的有机整体中，和平合作是"一带一路"国际合作的牢固基础，开放包容是"一带一路"国际合作的基本特性，互学互鉴是"一带一路"国际合作的重要手段，互利共赢是"一带一路"国际合作的价值目标。

其次，"共商共建共享"是丝路精神的具体体现，是"一带一路"国际合作的基本原则。2014年6月5日，习近平主席在中阿合作论坛第六届部长级会议开幕式上发表重要讲话首次提出，中阿共建"一带一路"，应该坚持共商、共建、共享原则。共商，就是集思广益，好事大家商量着办，使"一带一路"建设兼顾双方利益和关切，体现双方智慧和创意。共建，就是各施所长，各尽所能，把

---

① 《习近平谈治国理政》第1卷，外文出版社2018年版，第288页。
② 《习近平谈治国理政》第1卷，外文出版社2018年版，第314页。
③ 《习近平谈治国理政》第2卷，外文出版社2017年版，第506页。

双方优势和潜能充分发挥出来，聚沙成塔，积水成渊，持之以恒加以推进。共享，就是让建设成果更多更公平惠及中阿人民，打造中阿利益共同体和命运共同体。①"共商共建共享"原则倡导集思广益，各施所长、各尽所能，成果共享，充分体现了"一带一路"国际合作的开放性和包容性，顺应了国际关系民主化的发展潮流。坚持这一原则，就是要充分发挥世界各国尤其是广大发展中国家的积极性和能动性，体现各方关切和诉求，更好地维护各方正当权益，让所有"一带一路"倡议参与方拥有更多获得感。

最后，人类命运共同体意识是"一带一路"国际合作的应有之义，推动构建人类命运共同体是"一带一路"国际合作的最终目标。人类命运共同体意识，就是世界各国人民基于"人类只有一个地球，各国共处一个世界"而产生的安危与共、荣损相依、合作共赢、权责共担的总体意识。当今世界，一些发达国家人类命运共同体意识淡薄，并一味追求狭隘的国家利益，导致和平赤字、发展赤字、安全赤字、治理赤字日益加重，并成为全人类面临的严峻挑战。习近平总书记提出"一带一路"倡议，深刻把握了人类命运共同体意识的时代内涵，并为人类命运共同体意识落地生根提供了重要依托，使全人类能够在"一带一路"国际合作框架下共同致力于建设一个持久和平、普遍安全、共同繁荣、开放包容、清洁美丽的世界。"一带一路"的理念、内容和实现途径所拥有的全球性意义，使之远远超出区域合作的范畴，并成为塑造经济全球化新动力和构建人类命运共同体的重要抓手。

（二）机制建设

"一带一路"倡议十分重视机制建设，既充分利用现有双多边

---

① 习近平:《弘扬丝路精神深化中阿合作——在中阿合作论坛第六届部长级会议开幕式上的讲话》,《人民日报》2014年6月6日第2版。

合作机制，也创设了新的机制弥补全球治理机制的不足。

在巩固和盘活现有合作机制方面，"一带一路"加强了各机制之间的联系和互动，并推动构建了覆盖全球治理各领域的机制网络。首先，"一带一路"致力于推进多种形式的双边对话与协调机制建设。通过开展多层次、多渠道沟通磋商，推动双边关系全面发展，并协调彼此参与全球治理的立场，协商全球性问题的应对之策。其次，"一带一路"致力于推动同上海合作组织（SCO）、中国—东盟"10 + 1"、亚太经合组织（APEC）、亚欧会议（ASEM）、亚洲合作对话（ACD）、亚信会议（CICA）、中阿合作论坛、中国—海合会战略对话、大湄公河次区域（GMS）经济合作、中亚区域经济合作（CAREC）等现有多边合作机制作用的对接，促进区域合作，并对全球治理进行有益补充。最后，"一带一路"致力于加强博鳌亚洲论坛、中国—东盟博览会、中国—亚欧博览会、欧亚经济论坛、中国国际投资贸易洽谈会，以及中国—南亚博览会、中国—阿拉伯博览会、中国西部国际博览会、中国—俄罗斯博览会、前海合作论坛等相关国际论坛、展会以及平台之间的协调与配合，并为全球治理贡献力量。

在机制创新上，"一带一路"呈现诸多新的亮点。首先，"一带一路"国际合作高峰论坛为推动全球共同发展提供了对话与合作平台。为了让沿线国家共享中国发展机遇和"一带一路"建设成果，推动全球发展治理，中国自2017年起开始举办"一带一路"国际合作高峰论坛，并不断推动务实合作取得了显著成效。首届"一带一路"国际合作高峰论坛达成的279项具体成果，均已完成或转为常态化工作，实现了相关国家政府、企业和其他实体等参与方的互利共赢。2019年第二届"一带一路"国际合作高峰论坛取得了更为丰硕的务实成果。作为东道主，中方牵头汇总了各方达成的具体成果，形成了一份283项的成果清单。中国同有关国家签署了中缅经济走廊、中泰铁路等一系列政府间务实合作协议,各方共同发起并设立了"一带一路"共建国家标准信息平台、"一带一路"应对气候变化南南合作计划等合作机制,各国企业就开展产能与投资合作项目达成众多协议,中国同意大利等国共同设立新型合作基金、开展第三方市场投融资项目。[①] 其次,亚洲基础设施投资银行(以下简称"亚投行")和丝路基金弥补了全球投融资体系的不足。2014年10月24日,21个国家在北京签署《筹建亚投行备忘录》,共同决定成立亚洲基础设施投资银行。[②] 2015年12月25日,股份总和占比为50.1%的17个意向创始成员国批准《亚投行协定》并提交批准书,亚投行正式成立。2014年12月29日,外汇储备、中国投资有限责任公司、中国进出口银行、国家开发银行共同出资615.25亿元人民币(合100亿美元)在北京注册成立丝路基金有限责任公司,标志着丝路基金正式成立。亚投行和丝路基金弥补了世界银行和亚开行在亚洲区域内的投资不足,并降低投融资成本,为亚洲经济社会发展提供强有力的资金支持。最后,中国国际进口博览会推动构建开放、平衡的全球经济。2017年5月14日,商务部与60多个国家相关部门及国际组织共同发布旨在促进贸易增长、振兴相互投资和促进包容可持续发展的《"一带一路"贸易畅通合作倡议》,中方承诺从2018年起举办中国国际进口博览会,并在此后5年中国将从"一带一路"参与国家和地区进口2万亿美元的商品,对"一带一路"参与国家和地区投资达1500亿美元。[③]

---

① 王毅:《新起点 新愿景 新征程——第二届"一带一路"国际合作高峰论坛达成广泛共识取得丰硕成果》,《人民日报》2019年4月29日第5版。

② 21个国家包括中国、孟加拉国、文莱、柬埔寨、印度、哈萨克斯坦、科威特、老挝、马来西亚、蒙古国、缅甸、尼泊尔、阿曼、巴基斯坦、菲律宾、卡塔尔、新加坡、斯里兰卡、泰国、乌兹别克斯坦和越南。

③ 中国常驻联合国工业发展组织代表处:《推进"一带一路"贸易畅通合作倡议》,2017年5月14日,商务部网站,http://gjs.mofcom.gov.cn/article/wj/alr/201705/20170502575830.shtml。

2018年11月5日，中国成功主办首届国际进口博览会，共有172个国家、地区和国际组织参会，3600多家企业参展。中国国际进口博览会搭建了全球经贸合作的新平台，为应对"一带一路"国际合作注入新动力。

（三）重点领域进展

目前，"一带一路"建设的重点领域包括"政策沟通、设施联通、贸易畅通、资金融通、民心相通"。在功能设计上，政策沟通是落实"一带一路"倡议的重要保障，设施联通是"一带一路"建设的优先领域，贸易畅通是"一带一路"建设的重点领域，资金融通是"一带一路"建设的重要支撑，民心相通为"一带一路"建设提供了公共支持。五大领域互为基础，紧密联系，相辅相成，相得益彰。它们不仅是"一带一路"建设的关键环节，也是推动全球治理的重要措施。2013年以来，沿线国家政策沟通不断深化、设施联通不断加强、贸易畅通不断提升、资金融通不断扩大、民心相通不断促进。

在政策沟通方面，相关国家围绕共建工作，不断推进发展战略的深度协同。在2017年5月举行的首届"一带一路"国际合作论坛上，各国领导人、政府代表和国际组织代表通过对话交流达成了一系列共识。落实成果的后续措施在更高层次上夯实政策协调的基础。截至2022年6月底，中国已与149个国家和32个国际组织签署了200多份"一带一路"建设合作协议。

在设施联通上，围绕铁路、公路、水路、空路、管路和信息高速路"六路"建设，相互合作相继取得了一批重大成果，并为当地经济和社会发展以及"一带一路"的高质量发展奠定了重要基础。截至2020年年底，中欧班列累计开行数量超过3万列，到达境外21个国家、92个城市。

在贸易畅通方面,《推进"一带一路"建设贸易畅通合作倡议》逐步落实,机制化建设持续推进,合作成果显著。2013—2021 年,中国与"一带一路"沿线国家货物贸易额累计达 11 万亿美元,与沿线国家货物贸易额占中国对外贸易总额的比重由 25% 提升至 29.7%;2021 年,中国企业在"一带一路"沿线对 57 个国家非金融类直接投资 1203 亿美元,同比增长 14.1%。[①] 2018 年 11 月,首届中国国际进口博览会成功举办,为沿线国家扩大对华出口搭建了新的平台。

在资金融通方面,中国与沿线国家融资合作日益深化,亚投行和丝路基金作用不断提升。为了推动建设长期、稳定、可持续、风险可控的多元化融资体系,截至 2020 年 9 月,29 个国家核准了《"一带一路"融资指导原则》。截至 2021 年年底,亚投行成员数量已从 57 个增至 104 个;截至 2021 年年底,亚投行已批准 158 个项目,覆盖 30 多个经济体,总投资超过 319.7 亿美元,涉及能源、交通、金融、水务、城市建设等领域。

在民心相通方面,中国与沿线国家积极开展教育、文化、旅游等领域合作,制定了多项相关领域的专项合作规划。截至 2020 年年底,中国与"一带一路"沿线国家签署双边文化和旅游合作文件 100 多份;丝绸之路沿线民间组织合作网络成员扩容至 350 多家;通过"丝绸之路"奖学金计划及在境外设立办学机构等方式,中国为沿线国家培养了大量人才。

三 "一带一路"与全球治理的新动力

为了消解经济全球化的负面影响,让经济全球化的成果惠及每

---

① 颜世龙:《"一带一路"经贸合作逆市上扬 展现强劲韧性》,《中国经营报》2022 年 5 月 9 日。

个国家、每个民族,中国领导人提出要坚定不移引领经济全球化进程,引领经济全球化向更加包容普惠的方向发展。中国提出坚持创新驱动、协同联动、与时俱进、公平包容,致力于打造富有活力的增长模式、开放共赢的合作模式、公正合理的治理模式和平衡普惠的发展模式。[①] 这是从根源上为新形势下经济全球化的负面问题提供的解决方案。找准治理全球问题的着力点并积极贡献中国智慧,体现了中国引领经济全球化进程的大国责任。目前,在推动全球治理体系改革和完善方面,"一带一路"沿线国家还存在很大发展与合作空间。结合"一带一路"倡议及其参与国家和地区的现状与问题来看,应沿着以下三个思路进一步塑造全球治理的新动力,不断提升中国及沿线国家在全球治理中的地位和作用。

(一)创造"一带一路"沿线国家参与全球治理的良好条件和环境

"一带一路"沿线多为经济社会发展较为落后的发展中国家,很多国家还面临国内政治和经济上的困境。这不仅会分散相关国家对"一带一路"建设的投入,也会给为外部势力干扰"一带一路"国际合作留下缺口,从而制约了"一带一路"沿线国家在全球治理中的地位和作用。为此,要着力应对沿线国家国内政治与经济问题,维护政局和社会稳定,刺激经济增长。一方面,"一带一路"国际合作应以改善民生为主线,让普通民众拥有获得感,从而换取民众对所在国政府以及"一带一路"建设的支持;另一方面,沿线国家应共同探讨解决方案,分享各自发展经验与应对挑战的对策,将促进共同发展与繁荣作为参与"一带一路"国际合作的主要目标和任务。

---

① 习近平:《共担时代责任 共促全球发展——在世界经济论坛 2017 年年会开幕式上的主旨演讲》,《人民日报》2017 年 1 月 18 日第 3 版。

从长远来看,"一带一路"国际合作要在全球治理中发挥引领作用,必须在以开放理念促进相互之间以及与外部世界之间的良性互动,并在此过程中不断提升国际话语权和影响力。全球经济之所以面临日益加大的逆全球化挑战,原因之一就在于各国政策的封闭性和保守性。"一带一路"既是发展中国家合作的重要平台,也是应对"逆全球化"挑战的重大举措。它所倡导的开放合作"基于但不限于古代丝绸之路的范围,各国和国际、地区组织均可参与,让共建成果惠及更广泛的区域"。与内向型的、封闭式的合作不同,开放合作是一种外向型的区域或跨区域,"一带一路"倡议不针对任何国家,不搞排他性的经济集团,任何国家只要有意愿便可将其经济发展战略纳入支持和参与"一带一路"建设的框架之中,通过功能领域的互动与互补实现两者之间的务实对接。

(二)巩固"一带一路"沿线国家在全球发展治理中的优势地位

当前,由于全球治理既得利益国家的阻挠,"一带一路"沿线国家尤其是沿线发展中国家难以在全球治理中获得与自身实力相符的话语权。这也是"一带一路"建设在全球治理中发挥引领作用的重要制约因素。尽管如此,"一带一路"沿线国家在全球治理体系中发挥主导作用的优势也日益凸显,尤其是在全球发展治理中拥有独特优势。

一方面,"一带一路"沿线国家拥有广阔的市场。尽管"一带一路"沿线国家的人均指标与发达国家还有差距,但经济和市场规模的持续扩大为建立"一带一路"沿线国家发挥主导作用的新的国际市场规则体系奠定了基础。在市场准入、市场竞争、市场交易以及商品定价、贸易结算、技术标准等方面,沿线发展中国家可以共同提出符合发展中国家利益的规则,并以此推动国际规则体系朝着有利于新兴市场与发展中国家的方向发展。

另一方面,"一带一路"沿线国家可以通过治理经验的领域优势引领构建全球发展治理新格局。在发展治理方面,包括中国在内的很多沿线国家积累了丰富的经验。过去四十多年,中国的经济增长无论从速度还是规模上在世界范围内前所未有。当前,中国正在转变经济发展方式,将传统制造业、出口、投资驱动转型升级为创新、服务业和高技术制造业驱动,这将为那些正处于经济转型和经济发展动力不足的国家提供新的发展思路。在现有全球治理体系下,将发展治理作为"一带一路"沿线国家提高全球治理制度性话语权的主导领域,既符合绝大多数沿线国家的现实基础,也能充分展现沿线国家的发展优势。

(三) 加强"一带一路"国际合作的机制化建设

制度赤字是全球治理赤字的重要表现也是主要原因之一。不断加强"一带一路"国际合作的机制化建设,既是深入推进"一带一路"建设的保障,也能够对现有全球治理机制形成有益补充。结合"一带一路"建设的现状和特点,"一带一路"国际合作的机制化建设应遵循"渐进发展、讲求实效"的原则有序推进,并坚持全局性机制与功能性机制相结合、正式机制和非正式机制相结合、维护现有机制与创立新机制相结合。[①] 具体来说,机制化建设的主要方向如下。

在非正式机制上,积极推动"一带一路"国际合作高峰论坛框架下的务实合作,并更多地关注全球性问题。2019 年 4 月,第二届"一带一路"国际合作高峰论坛在北京举行。尽管"一带一路"国

[①] 徐秀军:《"一带一路"建设:向高质量发展转变》,载张宇燕主编《世界经济黄皮书:2019 年世界经济形势分析与预测》,社会科学文献出版社 2018 年版。

际合作高峰论坛尚未成立秘书处等实体机构，但它同样能够在推进全球治理方面发挥重要作用。这是因为，非正式论坛更加灵活，有利于增加各国政策调整的空间。并且，如果没有实质性合作作为支撑，过早驶入机制化轨道反而可能成为一种约束或障碍。为此，在"一带一路"国际合作高峰论坛成为正式机制之前，重点是找到可以实现务实合作的领域，并不断推进合作取得新进展。

在正式机制上，在维护好现有机制的基础上积极探讨建立一些功能领域的新规则、新标准和新机构。目前，在"一带一路"建设框架下，沿线国家重塑全球治理体系的努力主要体现在货币金融领域，尤其是多边开发性金融体系的建设方面。从现实情况来看，沿线国家倡导的这些国际货币金融机制不仅在短时间内取得了重大进展，还实现了对原有机制的创新。但随着"一带一路"建设的日益深入，在具体领域的政策协调、规则与标准对接、争端解决等方面的问题日益凸显。为此，在借鉴现有国际机制框架的基础上，要根据一些功能领域的现实需要探讨建立一些小而精的务实合作机制，明确界定权利和责任，并实施激励和惩罚措施。

结语：发展一种跨文化主义体系

科斯塔斯·古利亚莫斯（Kostas Gouliamos）[*]

本书收录的所有文章普遍认为，与几十年前相比，今天的中国在世界范围内扮演着更重要的角色。正如习近平主席所指出的，"创新正当其时，圆梦适得其势"。[①] 中国的全球崛起和与其他国家的多边合作是不可否认的。事实上，中国有一个持久的文明，具有历史和文化的自信，似乎正在世界范围内以多种方式、在多个层面蓬勃发展，特别是在欧洲地区，那里的古代文化在社会、美学、交流或语言层面得到了继承。

例如，欧洲（Europe）这个名字，融合了希腊语中的"eur"（意思是"宽"［wide］）和"op"（意思是"看"［seeing］），象征着一种"宽阔的视野"的概念。而中国自有史以来一直是一个伟大的文化创造者。中国拥有五千多年的文明史，为人类文明的进步做出了不可磨灭的贡献。

在任何情况下，中国和欧洲都是通过巩固其古老的东方和西方文明的智慧，来建立人类命运共同体的重要角色。此外，两个文明

---

[*] 塞浦路斯欧洲大学前校长，奥地利萨尔茨堡欧洲科学与艺术院会员，法国斯特拉斯堡欧洲委员会高等教育与研究指导委员会成员。

[①] Xi, Jinping, *The Governance of China*, Beijing: Foreign Language Press, 2014, p.58.

有很多共同点，不仅在与合作有关的问题上相互支持，而且通过共同知识倡议（mutual knowledge initiatives）的方式加深对话，这对社会和文化进步是不可或缺的。

中国和欧洲都处在一个多形态发展的新历史时期，它们的关系产生新的当代前景。在这一框架内，欧洲民族国家加强全面战略伙伴关系的发展规划，正在通过扩大贸易和投资（港口、金融、能源等）以及文化交流和教育合作，和"一带一路"倡议更加协同。如果没有中国的积极联系，欧洲地区的所有重大发展规划都很难取得足够的成果。同时，中国进一步培育和加强"一带一路"倡议的多维优势，显然更深地维护了文明的精髓，这一点至关重要。"一带一路"倡议是中国"软实力"架构中不可或缺的支柱，它在21世纪第一次为每个民族国家和全人类带来了相互理解与和平。本书的作者们从这一框架出发。但是，与其他许多研究不同，他们的文章不是简单的历史描述和/或描述性的宣传。相反，他们扩大了该倡议的维度和范畴，涵盖了更广泛的历史、政治、文化和社会视角。总的来说，该书体现了这些文章是如何通过一种历史观来看待这一具有决定性意义的伟大倡议。此外，所有章节的论点和论述都集中在文化、社会和/或经济项目上，追踪国际变革的过程，而不是变革本身。

秉持这样一种伟大的联系意识，"一带一路"的理论和应用方法为全球命运共同体提供了坚实、关键和跨学科的成果，包括与持久和平、人民福祉、广泛的减贫和对人类与自然和谐的内在尊重有关的成果。毫无疑问，由于中国的"一带一路"倡议在地区和全球范围内都得到了推广，这本书增加了人们的同情心、怜悯心和对我们所处世界的良善的理解。

一系列的实证研究①为北约造成的世界生活的军事化以及美国的"军工复合体"提供了证据,而中国的"一带一路"倡议是一个全球的、和平的互联互通项目。由于和谐与和平活动的多重性,这一范式倡议影响到人类活动的所有领域。虽然该倡议最初着重于生产领域(贸易、金融等),但它很快就扩展到了社会文化和教育交流方面。它在文化和知识环境中的积极应用,已经出现在了中国和欧洲民族国家之间。由于世界经济被(后)现代跨文化范式的特征所深刻证实,绝大多数民族国家都在开放和互联互通的基础上运作。总的来说,"一带一路"和"数字丝绸之路"已经成为最值得尊敬的国际倡议和最大的合作动力。此外,书中的文章反映了跨文化体系实施和运作的特点,从我们启蒙文化的遗产到新的数字化世界的形成,跨文化体系是互联互通的基本组成部分。这种跨文化体系消除了国家之间的差距和/或差异,因为它既是共同进步的状态,也是各地区协调高质量发展的环境。

借助数字化在所有社会和公共领域的跨文化互联互通,不仅加深了对互联互通收益的理解,而且还获得了更大的实践前景。在本书中,主编和撰稿人认为和/或暗示"跨文化主义"是一个具有变革能力的不可或缺的概念,它改变了任何传统范式的可操作性。关于变革能力,有必要详述作者是如何从哲学和社会政治的角度来构想技术和互联互通模式的。除了关于"网络社会"(network society)崛起的讨论,② 我们必须承认,跨文化主义——在数字空间时代的社会加速创新的基础上——正处于一个持续的转变过程中,因为它消除了所谓的"难以捉摸的社会性"(elusive sociality),同时在社

---

① Gouliamos Kostas and Christos Kassimeris, *The Marketing of War in the Age of Neo-Militarism*, Routledge, 2011.

② Castells Manuel, *The Power of Identity*, *The Information Age*: Economy, Society and Culture Vol. II, Cambridge, MA: Blackwell, 1997.

会联系的组成部分之间产生了相互关系。在福柯（Foucault）承认的"现代性的运动问题"（movement problem of modernity）①之外，"网络社会"的有机部署被嵌入我们的（后）现代时代。

然而，马克思的价值理论②对于批判性地研究"网络社会"时代的（跨）文化、跨国关系和交流模式尤为重要。考虑到现代文化和知识界是相互联系的，这本书中的各篇文章着重于批判性的分析，以理解中国和欧洲人已经走过的路和未来的任务，并通过战略伙伴关系的视角进行更加深入的理解。

---

① Foucault, Michel, *Security, Territory, Population: Lectures at the Collège de France, 1977 – 78*, London: Palgrave Macmillan, 2007, 2004, p. 93.

② Marx Karl, *Grundrisse: Foundations of the Critique of Political Economy*, Penguin Classics; Revised ed. edition, 7 November 1993.